公司制的黄昏
区块链思维与数字化激励
THE TWILIGHT OF CORPORATION
Blockchain Thinking and Digitalized Incentives

龚焱　李磊　于洪钧◎著

机械工业出版社
CHINA MACHINE PRESS

本书从公司制诞生的底层逻辑复式记账法谈及，探讨了当今公司制的两大困境：无法全程记录商业结果背后的行为与决策以及无法完全记录企业内部员工和外部用户的投资回报率。而基于区块链思维下的分布式记账法将完美地解决这些问题，实现对有效行为的精确激励以及对内/外投资回报率（ROI）的精确计算，从而把每一个行为生成可自动执行的智能合约。作者在以上理论的基础上，提出了企业发展的三大趋势：其一，用户为王，今后必须让用户控制自己的数据，而不是让企业控制数据，从而会催生很多新的商业模式。其二，将诞生以人工智能、区块链、云为核心的新技术形态下的账本 2.0。其三，企业将由理性组织走向开放性系统。

本书适合企业管理者，区块链研究及开发者，金融科技企业工作人员以及对区块链、数字货币感兴趣的读者阅读。

图书在版编目（CIP）数据

公司制的黄昏：区块链思维与数字化激励 / 龚焱，
李磊，于洪钧著. —北京：机械工业出版社，2019.9（2024.1 重印）
ISBN 978-7-111-63552-9

Ⅰ.①公… Ⅱ.①龚… ②李… ③于… Ⅲ.①电子商务-支付方式-研究 Ⅳ.①F713.361.3

中国版本图书馆 CIP 数据核字（2019）第 178761 号

机械工业出版社（北京市百万庄大街 22 号 邮政编码 100037）
策划编辑：刘怡丹　　　　　　　责任编辑：刘怡丹
责任校对：高亚苗　　　　　　　责任印制：孙　炜
北京联兴盛业印刷股份有限公司印刷
2024 年 1 月第 1 版第 6 次印刷
145mm×210mm・7.875 印张・142 千字
标准书号：ISBN 978-7-111-63552-9
定价：69.80 元

电话服务　　　　　　　　　　网络服务
客服电话：010-88361066　　　机 工 官 网：www.cmpbook.com
　　　　　010-88379833　　　机 工 官 博：weibo.com/cmp1952
　　　　　010-68326294　　　金　书　网：www.golden-book.com
封底无防伪标均为盗版　　　　机工教育服务网：www.cmpedu.com

是时候，从账本1.0迈向账本2.0

马可·奥勒留的《沉思录》里有一句话，"我们听到的一切都是一个观点，不是事实。我们看见的一切都是一个视角，不是真相。"

这于刀光剑影征途之上写下的哲思与探索，让后世之人读来总不免心中一凛。尤其是当我们身处一个充满变数的时代，浪奔浪流不止，对一个充满不确定性的前沿领域展开思考，就会显得那么危险又迷人，冒险又有趣。

区块链思维、数字化激励就是这样的一场逐浪。在写作这本书之前，我们团队内部进行过一次小小的讨论。关于书的主题，大家十分清晰，区块链思维和数字化激励是方向，是判断，是事业。而关于书的标题，我们在"裂变"二字，与"公司制的黄昏"这一表述间,进行过短暂的取舍。

趋势的裂变当然是显著的,它们体现在时代、技术、渠道之上。

我们面临的第一个大趋势,是时代动力的变化。时代的动力已经从制造为王,经过渠道为王,进入了用户为王的阶段。当用户要求越来越多权益的时候,我们可以看到公司外部 ROI 激励的底层逻辑已经生变:用户站在了舞台中心。

他最开始的要求可能只是一个兑换券,但是当用户权益越来越大时,用户会要求拿到公司增长的一部分,他会要求自己控制自己的数据,而不是让企业控制数据。

我们今天已经看到一些模型,从数据的中心化模式开始走向反 Facebook(脸书)模式。Facebook 已经有了一些新的竞争对手,这些对手的价值主张就是用户真正控制自己的数据,当平台需要调用用户数据时,平台需要付出相应的代价。而随着用户为王趋势的演进,会有很多新的逻辑来摧毁原来的商业模式。

第二个大趋势,是技术形态的变化。我们可以看到账本 1.0

时代的技术代表，是机械技术、液压技术，它们植根于工业革命，而当今世界最前沿的技术形态，则可以用三个字母来概括：A——人工智能(Artificial Intelligence)、B——区块链(Blockchain)、C——云（Cloud）。

第三个大趋势，是组织形态方面也已发生了新的变革。斯坦福大学知名学者理查德·斯科特（Richard Scott）撰写了一本教科书《组织理论》，细数了组织演化的路径。

社会组织演进路径中的第一阶段组织形态是所谓的理性组织，那是工业时代的组织，科层制、层级化，每个人都朝着同一个目标努力——公司利润的最大化；社会组织演进路径中的第二阶段组织形态将会进入自然性组织，自然性组织的终极目标和理性组织的完全不一样。

《组织理论》一书出版至今已20多年，基本上社会组织的演进路径与其预测保持着一致，我们从理性组织走向自然性组织，最终会走到开放性系统。

这些趋势的变化会带来什么？基于时代动力的不同、技术形态的变化、组织形态的更迭，我们今天可以看到几个很有意思的推论。

第一个推论，从三边博弈到三位一体。股东、员工、用户，经典的三边博弈在原有的公司制架构里找不到解决方案。无论你怎么安排，最终在公司制的架构里，三边博弈永远存在。

而在以区块链为基础的新的组织形式下，这三边博弈将有可能成为三位一体：一方面他是用户，另一方面他可能成为这个组织里最有能力且不用付薪水的员工之一，最终还能分享公司的溢价和红利。

第二个推论，规模效应 vs 网络效应 vs 裂变效应。在工业化时代，一个底层逻辑是规模效应，规模效应越大，成本下降越快，市场占有率越高，这是一个正循环。所以在工业时代，规模效应是整个组织发展的驱动力。

当我们进入到互联网时代，在原有规模效应的基础上又增加了第二重效应，即网络效应。规模效应拉开了贫富差距，网络效应则在规模效应的基础上进一步加剧了贫富差距。因为网络效应的世界，也是赢家通吃的世界。

在新技术的推动下，贫富差距已经积累到了一个拐点。我们希望个体的力量被激发出来，其带来的裂变效应可以对冲中心化的网络效应,希望能够给全社会带来收益,而不是恶化现有的技术演进的结果。这需要价值观正确,也需要路径正确。

第三个推论,解构与重构。在新的架构上、新的账本下,一切那些我们认为坚固的东西都将烟消云散。

我们现有的整体组织方式,如沟通方式、协调方式、合作方式、激励方式、解决冲突方式、联盟方式、价值网络方式等,都将面临解构与重构。

这就是为什么我们最终要提出"公司制的黄昏"。因为公司制的底层逻辑,是复式记账,从1494年作为一种学科理论被意大利人卢卡·帕乔利提出。复式记账存世至今已有500多年的时间,如若算上更早期它从萌芽开始发展的实践阶段,复式记账在人类历史上已经走过了900年的光辉岁月。在这期间,多少惊心动魄的故事和变革在商业社会中发生,时至今日我们已经不得不承认,公司制发展的前提条件已经发生了极其深刻的变化,但它的底层架构却没有随之而动。

这意味着革命性的改变已经迫在眉睫,账本1.0的阶段向账本2.0的时代转换正呼之欲出。基于区块链思维和数字化激励的全新模式，既是对旧岁月的挑战，又是新征途出发的号角。

"星垂平野阔，月涌大江流"，有多少人读出孤独苍凉，就有多少人读出万千气象。这是新思考、新出发的时刻。希望这本书能给大家带来一点启迪，也希望大家能够看到这个时代正在发生的巨变和我们正面临的命运。

龚焱

2019 年 7 月

数字化时代：从公司到社群

《公司制的黄昏：区块链思维与数字化激励》探讨了区块链技术对公司制度可能产生的冲击和改变。

自从 2014 年以来，互联网和传统行业结合的成功案例除了符合高频、刚需等特点的打车、外卖等有限场景外，其他行业的平台模式罕有成功的案例。因此，新一波的数字化浪潮对传统行业的改造还需要扎根产业、深耕细作。

笔者从事律师专业、律所管理和法律科技创新工作已 10 余年。2013 年创立法和科技有限公司，其定位是专注于法律行业数字化的基础设施建设，希望用科技手段提升法律行业的工作效率。我们相信，未来的律师工作和法律服务都会以数字化的形态展现。在近六年的创业历程中，我们尝试过大数据、人工智能等新兴技术对具体场景的改造，也尝试过从平台模式到 SaaS（软件即服务）为基础进行线上线下数字一体化的转变，我们坚信新技术对法律行业的发展将有极大的推动作用，只是这样的创新需要扎扎实实走线下产业赋能的路线，更需要从生产力和生产关系切入。

技术能够促进生产力的提高。法律行业的生产力是律师，现在国内的律师人数已有46.4万名，未来10年，中国的律师数量将会达到100万名以上。

未来，法律行业的从业人员大部分是90后和00后，这些主流的从业者需要的是什么呢？答案是行业数字化基础设施，以机器替代人力来做一些重复性工作，如法律咨询、合同的智能审查等。

区块链也会改变生产关系。传统公司理论认为，公司是由一系列合约组成的，区块链的应用改变了传统公司的记账和合约体系，对组织内部的行为进行精确记录、即时分配，基于去中心化和不可篡改的特性来实现对组织的激励，从而大大提升组织效率，这也将冲击和改变原有的组织体系。

随着中心化流量的获取成本日渐增长，以及趣头条、云集等一系列公司上市，私域流量的裂变获取和现有用户的精细化运营将成为创业公司未来发展的方向。我们也开始系统思考把区块链技术与实体商业结合起来落地为商业实体，降本提效，这也是出版本书的目的。

基于此，我们在落地产品上开发了基于区块链的数字化激励产品 Kindle+，并在法律、零售、教育、酒店等行业率先应用并取得了非常好的效果。让公司的管理形式逐渐变为社区化管理，把公司股东、员工和用户的权益打通并流转起来；让社区所有参与方为公司发展做出的贡献能被精确记录并得到即时回报，告别传统公司制度下股东、员工、用户的三边博弈，迎接"股东≈用户≈员工"的新型组织关系。

本书所探讨内容皆属新课题，难免有错漏之处，恳求广大读者朋友们批评指正，让区块链技术下的新组织理论尽快完善起来。

是为序。

李磊

2019 年 8 月

序言一

序言二

第一章 信任的危机

第一节 **信任的崩溃 / 003**

被忽略的欺诈 / 003

被操纵的真相 / 006

被破坏的信任 / 007

第二节 **制造事实的机器 / 011**

密码朋克梦想成真 / 011

追求全新的信任共识 / 015

打造全真的事实体系 / 019

第三节 **繁荣和泡沫 / 024**

新技术浪潮的四个阶段 / 024

两个拐点，两种策略 / 030

区块链位于曲线哪个位置 / 035

第二章 昨日的世界

第一节 公司的诞生 / 043

  世界变了,公司来了 / 043

  公司来了,世界变了 / 048

第二节 科斯的问题 / 052

  公司的力量与影响 / 052

  存在的意义与边界 / 055

  一场经典辩论,一个经典定理 / 059

第三节 公司的治理 / 064

  契约、投资、激励 / 064

  信息不对称与测度成本 / 068

  激励困境的底层逻辑 / 071

第四节 对博弈的回答 / 077

  股东第一 / 077

  员工第一 / 083

  用户第一 / 087

第三章 账本的革命

第一节 复式记账的故事 / 095
300 年摸索厚积薄发 / 095
600 年影响至深至远 / 98
当信任的构建者失信 / 101

第二节 区块链的本质 / 107
新工具、新技术 / 107
新账本、新逻辑 / 111

第三节 区块链的冲击 / 117
迈入账本 2.0 时代 / 117
一场激励模式的革命 / 122

第四章 边界的消亡

第一节 公司和用户的三阶段关系 / 131
被忽略的欺诈 / 131

第二节 区块链时代的关系 / 142
裂变下的新生态 / 143
传统里的新灵感 / 148

第三节 数字化激励 Kindle + 与稳定币 Libra / 153
数字化激励 Kindle + / 153
Libra 引发全球瞩目 / 161

第五章 未来已来

第一节 **三个趋势** / 175

时代动力变了 / 176

技术形态变了 / 184

云 / 188

组织形态变了 / 189

第二节 **三个推论** / 193

第一个推论：从三边博弈到三位一体 / 193

第二个推论：规模效应 vs 网络效

应 vs 裂变效应 / 198

第三个推论：解构与重构 / 203

第三节 **公司制的黄昏** / 208

附　录　Facebook 加密货币项目 Libra 白皮书 / 215

Chapter One

第一章
信任的危机

2011 年的奥斯卡最佳纪录片奖，花落一部回顾金融危机的影片——《监守自盗》（Inside Job）。该片中，全球顶级银行家、基金大佬、首席经济学家们悉数登场，以冰岛的崩溃为引子，来解析全球金融危机的因与果。

彼时，距离 2008 年那场巨震的发生不过三年时间，大规模裁员引发的恐慌情绪尚在发酵，收拾残局的人们心中对于未来充满不确定。影片趁势表态，金融业背叛了社会，毫不掩藏对美国金融监管的不满，顺手将华尔街大鳄们批得一文不值，更在最后发出诘问：为何美国没有任何一位金融高管被刑事起诉，也没有任何一家公司因证券欺诈被刑事起诉？

时任中国银监会首席经济顾问的沈联涛也在影片中露面，并且留下了一个意味深长的问题："为什么一名金融'工程师'的收入，4 倍甚至 100 倍于一名真正的工程师？真正的工程师建设桥梁，金融工程师构建梦想，当这些梦想变成噩梦时，却需要由其他人来买单了。"

第一节　信任的崩溃

被忽略的欺诈

"雷曼兄弟公司总部门口,一个个垂头丧气、西装革履的投行精英正步出这家曾经的美国第四大投资银行。他们手中拿着纸箱、文件袋、雨伞等物品,几乎都无一例外地印着'Lehman Brothers'的标识。"

2008年9月15日,美联社记者记录下的这个画面,伴随着雷曼兄弟的最终倒下而为历史所铭记。这是美国历史上规模最大的投资银行破产案,以此为序曲,一场对后世影响深远的全球性金融海啸拉开了序幕。

同一天,画家杰弗里·雷蒙德带着自己创作的一幅画来到雷曼兄弟纽约总部楼下,那是他此前给时任雷曼兄弟CEO理查德·福尔德所作的画像。

画家请那些离去的雷曼兄弟的员工们在福尔德的肖像画上

写下自己的感受。他说:"我看着这些人从楼里出来,心想,他们大多数都不应为公司的失败而负责,但却都要付出代价。我欣慰我给了他们一个表达的机会,这是一种宣泄。"

最后,整幅画的空白处都被雷曼兄弟的职员、其他投行人士,甚至路人写得满满当当。更多的宣泄、感言、反思、追问——谁该为此负责,谁又在为此买单,在画以外的时空里,再也没有停止过。

十年之后,中国人民银行行长周小川卸任,他在一个公开场合以"金融危机十周年之际的反思和研究"为主题发表演说,向大众透露了在2008年第四季度讨论危机是如何产生的过程中,中国在BIS(国际清算银行)和IMF(国际货币基金组织)曾提出过两个观点:

第一个观点,认为经济危机与金融市场的一些活动和产品有关,一些比较冷门的衍生产品脱离了实体经济,没有为实体经济服务,这些环节就容易大起大落。第二个观点是经济系统、金融市场系统中的正反馈特性过于突出。也就是说经济好的时候,股价也好,盈利也好,评级也好,都是向好的方向发展,但是一出问题的时候,就有很多落井下石的人，这就是典型的正反馈特性。

这段背景故事，经由多家主流财经媒体报道而传播开来。

与此同时，周小川还十分坦然地表示，"其实十年之后我们回顾经济危机、金融危机的时候，我们对于当中的很多因素，仍然是不清楚的"。

也是在十年之后，把周小川视作"好朋友"的美联储前任主席艾伦·格林斯潘来到中国参加活动。说到2008年的金融危机，格林斯潘说："可能也重复了之前一些金融危机的诱因。"这似乎也意味着历史将还会重复。

这位曾因"为全球经济稳定做出贡献"而被授予"荣誉爵士"称号的"大拿"，在其任内推行超低利率，反对对百万亿美元规模的衍生品市场进行监管，这被不少人认为是引起信贷危机的一个重要原因。

他们二人，一位是美联储历史上在任时间最长的主席，一位是中国人民银行在任时间最长的行长，也都只能说清那些能说清的，说不清楚的只能交给时间。所以，人们每每回望2008年，都仍会有常写常新的感觉。

不少专家会认为这是一场流动性危机，类似的反思也不绝于耳。但很少有人认识到，在金融体系和全球市场受创的同时，这也是一场重大的信心受挫。在人们肉眼可见的失误之外，还存在着用力揭开才能发现的骗局，而它引发的是信任的崩溃。

被操纵的真相

魔鬼隐藏于细节。当雷曼兄弟轰然倒下震惊世界后，冷静下来的人们不难发现一个"事实"：2008年1月29日，华尔街的雷曼兄弟刚公布了其2007财年的财务报表，该机构在2007年获得590亿美元的收入和42亿美元的利润。这两个数字，是该机构四年前相应记录的两倍。然而9个月后，雷曼兄弟却走向了破产。

一个公司怎么会在某年赚取了42亿美元，在9个月后就走向破产呢？单从其账本来看，雷曼兄弟的经营状况应该是蒸蒸日上的。

抽丝剥茧，原来在会计层面，雷曼兄弟的会计人员会在某个季度末期，将数十亿美元的债务从资产负债表上划走，并将其藏匿到一种称为"repo transaction"（回购交易）的记账方法中。但这种方法本来应用于短期融资，而非藏匿债务。

通过这样的操作,当对外发布财报时,其账面是盈利的;当财报发布后,雷曼兄弟的财务人员就会重新将债务记录到账本上。这账本上的数字仿佛候鸟一般,随资本市场的季节而变迁。对这样的剧情,该如何解读?

阳光之下无新事,公司操纵财务报表大多是美化利润表,从"资产=负债+所有者权益+收入-费用"这一会计恒等式出发,操纵收入和费用,由此引发资产和负债的变动。

同一家公司,两套账本:一套记录真实的数据,但只有自己知道;另一套看上去是真实的,其实只是为了赢得公众的信任。受蒙蔽的公众显然给予了信任,在没有更好的检查方法出现之前,绝大多数人一开始都会选择相信:账本反映事实,且等同于事实。直至打脸的时刻来临。

被破坏的信任

在商业社会,对一个人的征信来自其银行流水记录,有时候还必须要加盖银行柜台的印章。对一个企业的信任是来自审计事务所审核的三张表(反映资产负债情况);为安全起见,还需要四大事务所的审计才行。

但现实是,处处都有问题,一旦爆出,就能惊天。2016年年底,美国上市公司会计监督委员会(PCAOB)对德勤(Deloitte)巴西分公司开出了一张天价罚单——重罚800万美元,这也是该机构有史以来开出的最大一张罚单。理由是:德勤在2010年对其在巴西的客户、拉美规模最大的廉价航空公司Gol Linhas Aéreas Inteligentes出具了重大虚假审计报告,试图通过不恰当更改文件来掩盖违规行为,且提供虚假证词。

"这是迄今最严重的审计舞弊,它被层层掩盖了",哪怕有审计准则及美国联邦证券法在前,这也是PCAOB首次以欺诈和不配合调查为由,指控并处罚国际四大会计师事务所的其中一员。

这样令人失望的事情屡现的背后,其实构成了现代社会的一处吊诡所在:人们在质疑账本真实性的同时,又不得不让自己相信账本的真实性,倚赖账本的记录,不然想要的真实便如无根的浮萍。

很难想象,支持商业社会运转的根基是如此脆弱,信任是如此易碎。而所有人都认同,一旦社会信任缺失,不仅会使经济发展承担巨大成本，也必然导致社会道德的退化，人们将被迫陷入"自利自保"，而非"互利共赢"的社会模式。

Pew Research（美国皮尤研究中心）在对美国政府信任度展开的纵向研究中很明显地反映了这个问题。2017年5月，对美国政府表示信任的美国公众仅占20%，差不多创了历史新低。Gallup（盖洛普公司）所做的另一项调查则表明，对美国国会表示信任的美国公民的比例已从1979年的40%下跌到了2017年的12%；对报纸表示信任的比例已从38年前的51%跌到了2017年的27%；而对大公司表示信任的比例已从32%跌到了21%了。

如果说艺术源于生活，那么这些年来在影视制作中，与华尔街或金融相关的作品，大多以人性的贪婪、信任的丧失、规则的不公作为叙事的基本面。就在雷曼兄弟倒闭五周年之时，2013年，一部记录"占领华尔街"运动的电影《99%》在美国各大院线上映。《99%》在华语世界虽不如《监守自盗》有名，但片中，工薪阶层兢兢业业地工作却仍入不敷出，而银行家们则继续享受高光时刻的对比感，牵扯出人们无尽的思考：所有繁荣背后的泡沫，都是谁在买单？

当 2008 年那场金融危机强烈来袭时,《时代》杂志曾干脆利落地甩出了一张 25 人的榜单,称他们都该为这场危机买单。这 25 人,从国家总统、议员,到华尔街投行精英,从美联储主席作为一个个体,到"普通美国民众"作为一个整体,悉数在列。

时至今日,我们也许可以为这个榜单再加上一个名字:做账的人。于经济的危机,于信任的危机中,账本作为商业社会的底层逻辑,那么重要,却又那么脆弱。

第二节 制造事实的机器

密码朋克梦想成真

所谓危机,危中有机。当一部分旧秩序崩塌之时,正是另一部分新世界崛起之日。

2008年11月1日,雷曼兄弟破产仅过去6周之后,秘密讨论群"密码学邮件组"里出现了一个新帖子:"我正在开发一种新的电子货币系统,采用完全点对点的形式,而且无须受信第三方的介入。"该帖的署名者,叫作塞托西·中本聪(Satoshi Nakamoto)。

这个神秘的人物或者代号,在此后长达数年甚至更长的时间里,引发了世人无尽的好奇和追问:这是一个人还是一群人?生活在美国还是日本,还是其他国家?最可能是谁?好奇心人皆有之,更何况是探寻中本聪这种颠覆了世界的神秘人物。

2009年1月9日，中本聪在 SourceForge.net 发布比特币0.01版的源代码，宣告了比特币的诞生。作为一个彻底的自由主义者，他在一个名为比特币的网络"创世区块"（Genesis Block）里还做了这样的记录："《泰晤士报》2009年1月3日 英国财政大臣正欲对银行业实施第二轮救助。"

之所以要这样略带嘲讽地将英国财政大臣的窘态永久记录下来，是因为实施银行救助向来被自由主义者视为是受益的私有化和亏损的社会化。"中本聪们"认为，可以有更好、更新的玩法来帮助这个世界更好地运行。

比特币这样的电子货币系统，是密码朋克们数十年来的梦想，自1982年的 eCash 开始，有许多人都尝试过，但都步履维艰。客观来说，在中本聪刚一推出比特币时，极客们最积极的反应也只是持观望和怀疑的态度，因为密码组成员已经看惯风月，面对那么多新手想出来的宏伟计划，他们的本能反应就是怀疑。

不少人直接提出，这样的系统是不可能实现的。面对这些质疑，中本聪细致入微地回答了所有疑问，最终以白皮书的形式提出了一个可行的方案。白皮书遵从学术习惯，采用

"我们"作为第一人称，行文也是标准的论文格式，在开篇即提纲挈领地表示：

"本文提出了一种完全通过点对点技术实现的电子现金系统，它使得在线支付能够直接由一方发起并支付给另外一方，中间不需要通过任何金融机构。"

P2P Foundation 是中本聪发布比特币白皮书的网站，注册这个网站必须提供出生日期，中本聪填写的是 1975 年 4 月 5 日，而 4 月 5 日在货币史上是具有重要意义的一天。

在 1933 年的这一天，美国总统富兰克林·罗斯福签署了政府法令 6102，该法令规定所有美国公民持有黄金都是非法的。罗斯福以美元交换美国人手里的黄金，然后让美元贬值 40%，强制推高黄金价格，目的是让美国的债务贬值，从而对抗大萧条。这些措施造成的后果是，美国人的财富被洗劫了 40%。许多人认为，这是美国政府所作所为中最违反宪法的行为之一，这是政府不经过民主程序对民众实施的最直接的盗窃行为之一。直至 1975 年，福特总统签署"黄金合法化"法案，美国人才可以再一次合法地拥有黄金。

中本聪用"生日"作为某种政治隐喻和接头暗号，透露给关心这些细节并能理解的人。而理解了的人再经仔细研究中本聪的论文以及比特币代码，终于开始对他注重细节的习惯以及对货币知识的掌握感到惊讶。

世界不总是存在理性质疑，总有人会为新事物的横空出世而激动万分。密码学家哈尔·芬尼就是其中之一。哈尔·芬尼是参与过 PGP 加密技术研发的一位顶级开发者，也是密码朋克的重要成员。当中本聪在加密邮件列表中宣布比特币的想法时，迎来的更多是冷嘲热讽，但芬尼却给出了热情支持。

因为芬尼很早就对加密货币计划感兴趣，早在 2004 年，他就推出了自己设计的加密货币，在其中采用了可重复使用的工作量证明机制，所以他明白比特币的价值。当中本聪公布第一个版本的软件时，芬尼马上就下载并进行了测试。

2009 年 1 月 9 日那天，中本聪通过"挖矿"得到了 50 枚比特币，产生了第一批比特币的区块。9 天以后，中本聪向哈尔·芬尼转账了一笔比特币，这是人类历史上第一次摆脱授信第三方金融机构而完成的点对点交易。在金融危机造成的一片焦头烂额中，新历史就此诞生。

多年后，哈尔·芬尼回忆起这段经历时这样说："我想我是除了中本聪以外第一个运行比特币的。我开采了大约 70 个区块，而且我还是第一笔比特币交易的接受人，中本聪测试时转给了我 10 个币。在接下来的几天里，我和中本聪通过邮件谈了很多，主要是我报告一些故障，然后他把它们搞定。"

社区网友亲切地把芬尼称作"中本聪的沃森"，因为当电话被发明时，第一个电话就是贝尔打给他的助手沃森："沃森，快过来，我想见你。"

追求全新的信任共识

有些故事展开了全新的一页，有些故事则开始了深切的反思。

中本聪选择在 2008 年全球金融危机爆发后将比特币公布于世，是希望以技术的方式让人们在经济体系中重构信任。在介绍自己的创新时，他这样说道："传统货币最根本的问题在于信任。中央银行必须让人信任它不会让货币贬值，但历史上这种可信度从来都不存在。银行必须让人信任它能管理好钱财，并让这些财富以电子货币形式流通，但银行却用货币制造信贷泡沫，使私人财富缩水。"

这让人不由想起一个好笑的事情。随着时间的推移和危机后的经济复苏，很多人可能会逐渐淡忘那次金融危机的严重程度，或者感受越来越浅。但其实雷曼兄弟的破产，在当时给人们带来了极大的恐慌。当时，连太平洋投资管理公司的穆罕默德·埃里安这样号称华尔街天才的人物都有点慌神，因为担心 ATM 可能会停止取钞服务，他立即告诉妻子尽快提取现金。

信不过，似乎就成了危机中的关键词，而这并不是 2008 年金融危机所独有的。当信息不对称、管理不透明一直是常态，信不过的历史就会贯穿人类的历史。

弗里德曼在《货币的祸害》一书里举了一个例子：1932 年，法兰西银行害怕美国不再盯住金本位，不再按一盎司黄金兑换 20.67 美元的传统价格兑换黄金。于是，法兰西银行要求美国联邦储备银行将其存在美国的大部分美元资产转换成黄金。但为了避免黄金装船海运产生的巨额成本，法兰西银行要求美国联邦储备银行把黄金存到法兰西银行的会计账簿上。

当时，财经类报纸用头条报道了这条消息，以关于"黄金的损失"以及"对美国金融体系的威胁"等口吻行文。美国的黄金储备开始减少，法国的黄金储备开始增加，市场认为这是美元走软、法郎走强的信号。这种因法国向美国兑换黄金而造成的所谓黄金流失，甚至引发了1933年的银行业恐慌。

但事实上，黄金并没有流到法国，仍然在美联储的地下金库里。当时的实际情形是，美国联邦储备银行在地下金库的抽屉上做了一些标记，表示这些抽屉中的金块属于法国了。这只是一种会计操作而已，信任有时候只是取决于它采取的是一种谁来记账的方式。但单向的信任，或者说让一方满足的安心，并不意味着达成共识。

对于人类这一群居的高级动物来说，《人类简史》的作者、以色列历史学家尤瓦尔·诺亚·赫拉利（Yuval Noah Harari）一言道尽了"共识"的意义：人类文明的历史并非来自所谓的绝对事实，而是来自一个更为强大的事实概念——共识，即我们共同认为什么才是事实。而人类区别于其他动物的一点便是可以构造并深信一些有意义的故事（如宗教、国家、货币），这让我们可以彼此信任、协作互动。

人们发现，比特币在货币这个重要的场景中提供了就交易达成共识的机制，让陌生人可以在互联网上利用一种独立的货币，安全地向另一个人付款；即使在没有美联储这类中心化记账机构参与的情况下，也能确保无法造假。而这给我们带来的更重要的启发是：一群人可以在不依赖于中心化实体负责仲裁的情况下，也能就各种事实达成共识，继而成为推动人类文明发展的强大动力。

早已从金融危机中回过神来的安联首席经济顾问埃里安，发挥了经济学家的冷静分析能力。2018年，他在纽约的一次关于共识的投资论坛上表示，全球金融危机为比特币的创建铺平了道路，凸显了自那以后十年间的"信任缺失"。"我们有很大的信任赤字，如果没有对经济运作方式感到震惊而丧失信任，我认为我们今天不会站在台上。"

虽然他在公开场合反复强调自己的观点，即加密货币是大宗商品，可交易，用于储值，但它们并不具有货币的内在属性，比特币不会像拥趸预期的那样变成货币。这一观点孰是孰非争议不断，但没有争议的则是，支持比特币的技术将保留下来。埃里安认为，预计未来有越来越多的机构会使用这一技术，方能补上信任缺失的漏洞。

越来越多不同领域的人开始探索比特币底层技术在各自产业中实现去中介化及解锁新价值的潜力，他们对这一技术的命名是：区块链（Blockchain）。

打造全真的事实体系

应该说，区块链技术的产生和发展离不开比特币。首先，随着比特币的诞生，区块链技术才得以公布于众；其次，比特币是截至目前区块链技术最成功、最成熟的应用案例。但比特币背后的这个技术，可让彼此互不认识的人建立可依赖的账簿，这又是远远超出加密数字货币本身意义的。

区块链技术不是一种单一的技术，而是多种技术整合的结果，包括密码学、数学、经济学、网络科学等。这些技术以特定的方式组合在一起，形成一种新的去中心化数据记录与存储体系，并给存储数据的区块打上时间戳，使其形成一个连续的、前后关联的可信数据记录存储结构，最终目的是建立一个保证可信的数据系统。我们可将其称为能够保证系统可信的分布式数据库。在这个系统中，只有系统本身是值得信任的，所有数据记录、存储与更新规则都是为了建立人们对区块链系统的信任而设计的。

信任是什么？相信而敢托付，珍视而相倚重。从更大维度而言，信任绝不仅仅是一种人与人之间的情感链接，它更是一种重要的社会资源,是所有人类互动行为的真正润滑剂,更是一切商业活动和组织行为的前提,有促成心理认同和忠诚行为的功效。

交易成本经济学家威廉姆森(Oliver Williamson)的观念一度很具有代表性。他认为,市场价格和企业权威是协调现代经济的主要机制,因为信任关系太难得,维系成本太高。可当区块链技术出现之后,对机制的认知显然将重新被定义。

《经济学人》(The Economist)将区块链的核心词汇定位成"Trust",称之为"制造信任的机器"。因为区块链的可靠性并非由某个银行或政府担保,它是一个由很多不同的计算机共享并集体维护的账本,它需要持续地接受公众的检验,其可靠性是通过一系列经由数学算法验证的账本记录来保证的。

既然中本聪对区块链技术的切入从金融界开始,金融界也"投桃报李",回应以热切的关注与行动。

近几年来,包括高盛、摩根大通和纳斯达克在内的一些金融机构开始对区块链技术展开重点研究。这些机构的金融业务大都具有标准化程度高、连续性强、自动化需求大、业务对信用度要求高等特点,跟区块链的优势高度契合。同时,在供应链金融中,由于物流、资金流和信息流的复杂安排会涉及众多单据,因此使用电子商务平台记账会大大节省纸质单据所需要的时间和成本。那么问题来了,使用谁的电子商务平台呢?

如果使用利益相关各方自建的电子商务平台,数据的真实性就很容易受到质疑,而且自建电子商务平台往往耗资不菲;如果使用第三方的电子商务平台,其经营稳定性和信息安全性又难以保证,比如因财务、政策、网络攻击等各种情况引起不稳定问题等,沟通协调成本和风险便会大幅增加。真的这么难求万全?

区块链技术来果断反驳了。该技术的安全性、不可逆性、不可篡改性和透明性都已经得到了证明,如果能把供应链金融业务直接建立在这样已被证明可靠性的区块链技术上,就将极大地降低安全和信用成本。尽管目前电子商务平台的使用,相较于传统商业模式已经大大节约了各种成本,但如果能有一个具有公信力的、类似区块链公共信用的系统,成本仍有进一步下降的空间。

关注区块链技术的不只是金融界和商业界。对政府层面来说，这一全新技术也很重要，因为，提供值得大众信任的系统本身就是政府职能的一部分。

如果能从技术上应用区块链，就可以用较低的成本打破这些阻碍，建立一个公开的社会公共信用系统，整个社会运行成本都将大幅降低，效率则将大幅提升。此外，采用区块链技术还便于政府监管，透明的数据不仅将大大减少监管部门的工作量，促使监管部门的主要工作转向治理，提升工作效率。

说到监管，有一点需要明确的是，监管仍然是人力职能的一部分。因为区块链是数据存储的基础手段，却非数据监管的一种手段。尽管使用区块链技术所建立的系统本身是诚实可信的，但这并不意味着来自系统以外的输入信息就是诚实的。换言之，区块链能够诚实记录并且存储文字、图片甚至多媒体信息，但这并不意味着这些外部信息、外部数据都是真实的。区块链信徒再狂热，这一点理智、清醒也是要有的。

比特币区块链的时间戳是从1970年1月1日起开始计算秒数的，这是许多编程语言之源的UNIX（尤尼斯）操作系统的新纪元。也正是从20世纪70年代开始，采用UNIX操作系统的大型机大行于世,银行清算中心因此步入了电子化时代。

历史的巧合中暗合着必然。

接下来的个人计算机、互联网,到移动互联网,一轮又一轮的迭代与创新,让永不停步的人类来到了基于区块链加密协议的价值互联网门口,打开了对下一个十年、二十年直至更远未来的想象。

正如《经济学人》的那篇文章所指出的:"区块链从业者们必须推翻现存的、仍然生机勃勃的Web 2.0体系。不过信息技术的明显特征之一就是,每隔几十年,这个体系下最有价值的事物就会被商品化。例如20世纪70年代的芯片,在商业化之后大幅降低了计算机的成本。在20世纪90年代,开源操作系统开始挑战Windows作为操作系统老大的地位。现在则轮到了数据。"

第三节 繁荣和泡沫

新技术浪潮的四个阶段

纵观商业文明的历史,每当一个新技术出现的时候,往往呈现出一波接一波的浪潮式递进。第一波入场的会有很多投机者,接下来又有很多坚信者,再往后我们会看到巨头的跟进。大浪淘沙沉者为金,风卷残云胜者为王,所以在每一波新趋势出现的时候,巨大的机会和风险始终是并存的。只不过,鲜有人能在浪淘或云卷的当下判断出,哪里是沙哪里是金。比如经历了"冰火两重天"的区块链。

好在,有人做出了经验总结。全球权威的 IT 研究与顾问咨询公司高德纳(Gartner)这样说:"区块链技术充满了泡沫,而且充满了不同的路径和分叉,充满了不同的观点和视角,但是我们还是不能忽视它。"

正因为每一波新技术的出现总是伴随着不同的观点和矛盾,

真理才越辩越明。也正因为有分歧、有冲突，巨大的机会才留给了有远见、有定力的人。

自 1995 年起，高德纳咨询公司开始关注伴随着每一次的新技术和创新的出现而来的炒作与幻灭，并开始跟踪技术沿着周期发展的趋势，研究其间的共同模式，以此为各类组织何时在哪里进行技术部署提供指南。最后形成了一条曲线，即来自高德纳的技术成熟度曲线（Hpye Cycle）。Hpye Cycle 将新技术、新趋势的出现分解为大的四个阶段（或细分的五个阶段）如下图所示：

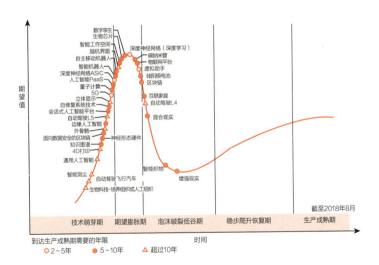

第一个阶段是很长的寂寞期，即技术萌芽期（Technology Trigger），也就是说这个技术已经存在，开始萌发，但是

几乎无人关注。

第二个阶段是非理性繁荣期,也叫期望膨胀期(Peak of Inflated Expectations),大家看到了某种机会,无数参与者蜂拥入场,在很短的时间内将这个产业的热度推向高潮。这时,市场表现为非理性繁荣。

第三个阶段是泡沫破裂期,泡沫化把过山车带到了谷底(Trough of Disillusionment),原本充满泡沫的希望破裂了,市场出现断崖式下跌。

第四个阶段是价值回归期。我们可以看到,当一个技术经过了很长一段沉默期,经过非理性繁荣,又走过了泡沫的破裂,最终会来到所谓的价值回归阶段。这个阶段又可以再细分为稳步爬升的光明期(Slope of Enlightenment)和实质生产的高峰期(Plateau of Productivity)。

以史为镜,可以知兴替,如果大家熟悉新技术的演进历史就会发现,确实几乎每一波新技术都在沿着这个趋势展开。比如2000年的那波互联网泡沫期,比如说后来的3D打印、AR、VR、人工智能、光伏等。

我们来举两个例子。1839年,法国的贝克勒尔做物理实验时,发现了"光生伏特效应"。一百多年后,贝尔实验室于 1954 年研制成功第一个具有实用价值的硅太阳能电池,《纽约时报》把这一突破性的成果称为"最终导致使无限阳光为人类文明服务的一个新时代的开始"。

1959 年第一个单晶硅太阳能电池问世,在 1960 年太阳能电池首次实现并网运行。1978 年,美国建成 100kW 光伏电站,随后太阳能效率不断提高,其中,1980 年单晶硅太阳能电池的效率达到 20%,多晶硅为 14.5%。

世界光伏产业的萌芽期,一开始与中国故事尚无关系。在 1994—2004 年这十年间,全球太阳能电池产量增长了 17 倍。但在 2004 年之后,太阳能电池市场竞争激烈,欧洲和日本的领先格局被打破,尽管销售仍主要在欧洲,但生产重镇已转向亚洲。到了 2007 年,我国太阳能电池产量约占世界总产量的三分之一,成为世界第一大太阳能电池生产国,一萌发即惊世。

即使是全球金融危机也没有阻挡中国光伏产业前进的步伐,在各种政策的拉动之下,中国光伏继续高奏雄赳赳的曲调。2010 年下半年起,全球经济危机所压抑的需求逐渐释放,产能供不应求。至 2011 年上半年,全球光伏产业出现新一轮景气期，各大厂商大量扩产。

在这个繁荣期内，恰逢2010年世界杯足球赛在南非举行。球场边的中文广告牌引爆了观众的眼球，开创了中资企业赞助世界杯的新纪元。大家都知道，赞助世界杯要砸重金，于是这家之前并不算出名的企业一下子让所有中国人记住了它：中国英利。

在"清洁能源"这一主题的光环下，光伏产业迅速发展，国内形成了光伏产业联盟等组织，光伏企业如雨后春笋般冒了出来，仅仅浙江一个省就多达200多家。

但好花不常开，该来的一定会来。2011年下半年~2012年年底，寒冬如约而至。后金融危机时代盲目扩张的产能，导致整个光伏行业产能严重过剩，多晶硅等光伏产品价格出现断崖式下跌。又因整个行业极度依赖出口，大约90%的产能都需要出口来消化解决，而美国、欧盟都对中国光伏产品举起了大棒，开始征收高额反倾销税。

2011年秋天，无锡尚德在急转直下的情势中依旧举行了公司成立十周年的庆典，但庆典的喜悦并没有冲淡笼罩在行业上空的阴郁。两年后的春天，经历了一轮又一轮产业层与资本层的挣扎，这家曾经的中国光伏领军企业、世界上最大的太阳能光伏技术公司被法院裁定实施破产重整。2012年，另一家光伏巨头，江西赛维 LDK 太阳能高科技有限公司，也因百亿债务危机走上了一条漫漫破产重组之路。

巨鳄倒下，余光仍能见到泡沫破灭后又重升起的太阳。经历了寂寞无人知晓、非理性繁荣、断崖式下跌的三个阶段之后，剧情终于向着价值回归开始调整。

2013—2018 年，我国光伏市场迎来快速发展，成为全球最大的光伏市场，连续六年新增装机容量全球第一。这依旧和我国的政策支持息息相关，但不同的是，国家发展改革委、财政部、国家能源局及时踩了一脚刹车，2018 年"531"政策出炉[一]，光伏产业从寻求增量变成存量清洗，从拼规模、拼速度、拼价格，转向拼质量、拼技术、拼效益，大起大落再平复，中国终于走到了光伏发电平价上网的前夜。

我们再回溯一下 20 世纪初，当时的美国汽车行业也完全符合 Hpye Cycle 的这个规律。

[一] 国家发展改革委、财政部、国家能源局三部门联合发布《关于 2018 年光伏发电有关事项的通知》，标志着光伏的指标管理趋于严格。

汽车行业最初在美国的发展,从 1895 年开始到 1911 年,在短短的 16 年间无数的参与者冲入这个领域,汽车品牌达到了惊人的 275 个,"车轮上的国家"享誉全球,徒增许多艳羡。 而在接下来 40 年的漫长而又痛苦的调整期中,这 275 个汽车品牌中的 99% 被并购,或者清盘退出。 美国汽车最终还剩下几个品牌?1911 年的 275 个品牌,到 20 世纪 50 年代只留下 3 大汽车公司——通用、福特、克莱斯勒。 在大洋彼岸的故事里,我们可以看到技术成熟度曲线上的两个关键阶段:一个是非理性繁荣期,一个是泡沫破裂期。

Hpye Cycle 关注的对象包括了传统行业和新兴行业,在 2012 年的时候,其相关报告所涵括的前沿技术种类就已经多达 1900 种,分布在 92 个领域。 高德纳指出,大数据、物联网、内存计算、云服务中介、呼叫中心基础设施、人力资本管理软件、战略业务能力、操作工艺冲击、绿色 IT 技术等,都在成为这一曲线关注的对象,也包括未来货币(The Future of Money)。

两个拐点,两种策略

关于非理性繁荣期和泡沫破裂期,其实有一个小问题需要回答一下:这两个阶段的竞争策略有什么不同?如果你判断,现在的鲜花着锦、烈火烹油,究竟是不是一个非理性繁荣期,这时需要用什么策略?

跑步入场! 越是这个时候,就越不能旁观。 即使你知道前有很多参与者,后有泡沫会破裂,你仍然要跑步入场。

我们以中国电子商务的发展为例。 自1994年互联网进入中国,中国的互联网产业发展至今,已经整整25年。 25年,呱呱坠地的婴儿已芳华正茂,种下的一棵小树也已绿荫如盖。 在互联网发展的这棵大树上,有一条对中国社会影响深远的分枝——电子商务,可以说枝繁叶茂。

1999年之前,中国人还不知道电商为何物。 那一年,中国第一家电商平台8848成立,C2C模式(Customer to Customer)在中国诞生。 三个月后,易趣成立。 再过一个月,后来如日中天的阿里巴巴诞生了,但它旗下的淘宝网到2003年才成立。 一切都还在萌芽。

从1999年到2002年,中国的网民数量还少得可怜。 根据2000年年中公布的统计数据,当时中国网民仅1000万人,使用网络的主要方式还停留于电子邮件收发和新闻浏览。 用户尚未成熟,市场尚未成熟,萌芽期没能养活几家电商平台,只是稍微培育了一批初级网民。

并且随着21世纪初互联网第一次泡沫危机的来临，似乎没过多久，两大领头羊就倍感生不逢时，8848开始没落，易趣也被美国的eBay收购，成了eBay易趣。2003年成立的淘宝，因背靠资本大树又有初生牛犊之勇，继续对eBay的地位发起了强有力的挑战。短短3年的时间里，免费的淘宝打败了收费的eBay。2006年，eBay易趣宣布将部分股份卖给TOM，这被公众视为eBay退出中国的象征（11年后又重返），淘宝在C2C领域开始称王。

那么，是不是其他人就对电商技术望而却步了呢？并不是。2003—2006年，中国电子商务进入高速增长阶段，淘宝之外，当当、卓越、慧聪、全球采购等名字成为互联网江湖中的热门。它们和大批扩容中的网民互相成就，推高了网络购物持续见长的热情。传统销售，尤其是众多中小型企业涉水"网商"，B2B带来的销售机会深入供求两端。

从2007年开始，电子商务进一步从生于网络、长于网络的互联网企业蔓延开去，无数传统企业和资金流入这一领域，各路门派纷纷涌入B2C。2008年起，更名后的京东商城开始发力；另一座高峰以淘宝商城，也就是后来的天猫为蓝本，每年"双十一"的狂欢，被刷新的破亿销售速度纪录，构成了令人难以相信的狂奔剪影。

再进一步,从 2013 年起,又一种新的电商模式 O2O（Online To Offline）以纯粹的互联网技术升级为背景,以移动支付为依托,占据了又一轮商业主动权,比如大众点评、饿了么。近年来最新的玩法则是 P2C 电商模式（Production To Customer）,力图能够把与老百姓日常生活密切相关的服务信息,如房产、餐饮、交友、家政服务、票务、健康、医疗、保健等聚合在平台上,实现服务业的电子商务化。这就是所谓的"电子新零售"时代。

理性或非理性还有待岁月定论,但繁荣确实是真实的繁荣,残酷确实也是真正的残酷。在巨头进场出击、新人奋力"占坑"的同时,也有很多曾经风光无两的电商渐渐泯然众人,甚至轰然倒下。

人们可能不会忘记"凡客""当当"和"聚美优品"等明星企业市值大幅缩水的"伤仲永";2010—2017 年,童装品牌"绿盒子",二手车交易平台"车来车往",服装电商"有范",购物返现的"优库速购"等多家获得融资的平台倒闭;还包括外企,2019 年 4 月,亚马逊中国宣布当年 7 月会停止为第三方商家提供服务,全球电商传奇入华 15 年后,在本地电商业务领域最终遇挫。

但尽管如此,我们还是看到各个领域都继续有人不停地跑步入场,在未完的故事里,谁不想留下自己写就的辉煌?

那么,如果你判断现在市场处于泡沫破裂期,又应该用什么策略?这时候的策略正好完全相反,一个字:熬。这时的市场上开始逐渐充满了阵亡者的"尸体",你要在下落的过程中收集一些相对有价值的"尸体"作为未来的储备。

一个是快战略,一个是慢战略。但是这里又有一个困境产生了:你如何判断拐点是否已经到来?这个问题从理论角度来看,非常难以回答。比如,有什么指标可以验证,现在是否马上要进入非理性繁荣?我们有一个小指标,可能没有任何理论意义,但很有现实参考价值,在中国市场上非常有效,我们把它叫作"媒体指标"。

什么意思呢?打个比方,如果各种类型的媒体都在铺天盖地地鼓吹某某产业大有可为,这时候基本可以判断,该产业就要在国内进入非理性繁荣期了。当然,这个指标只是一个表象,表象背后代表着整个市场以及媒体已经形成了共识——这个产业充满了希望。而希望盈满之时,往往也意味着危险的拐点即将到来。

所以,无论是看好还是看坏,当人们形成某种集体性共识的时候，就是到了一个非常危险或者非常有希望的拐点，这种拐点就是一个信号。

区块链位于曲线哪个位置

10年前，比特币的诞生掀起了区块链狂潮。在这10年时间里，比特币价格从低点时的几美分，到高点时的约20000美金，涨幅几十万倍，吸引了大批媒体加入到对这一新事物的报道中来，接连发布各种关于比特币的报道。媒体的关注，舆论的渲染，技术极客的鼓吹……人人都在热火朝天地打听和交流着什么是"区块链"，什么是"比特币"，什么又是"ICO"。

2018年年初，真格基金创始人徐小平在微信群里振臂高呼："区块链革命已经到来，这是一场顺之者昌，逆之者亡的伟大技术革命。"可谓在创投圈里掀起了一场"地震"，让区块链行业陷入了狂热时代。但这场狂热并没有像前几年的创业热潮一样，起码在一个较长的时间内持续下去。

仅仅过了半年时间，伴随着比特币大跌和李某等"币圈大佬"的人设崩塌、唇枪舌战，这个"高端圈"仿佛一夕之间被击穿了。2018年的比特币，就犹如这个时代里的网红，莫名走红、被大众消费，然后负面缠身，快速被冷落，甚至被遗忘。大量的区块链公司倒闭了，原本在全球飞来飞去的区块链媒体朋友们也安静了。

这一切是不是像极了曾经的互联网泡沫？1994年，互联网还在被投资人狂热追捧，凡是带有".com"的公司都被视作时代的宠儿，会下金蛋的鸡。然而到了2000年，美联储在当年2月宣布加息，流动性一减少，对资产质量的要求就提高了。3月，美国商业周刊 *Barron* 提出了一个"BurnRate"（烧钱率）的概念，它们列了一张表，上面计算了顶级.com公司还需要多长时间才能烧光钱。

计算结果令人惊讶：207家公司中，74%现金流为负，51家的现金会在接下来12个月内烧完，就连亚马逊也只能再撑10个月。一语惊醒华尔街，互联网企业股价暴跌，创业公司难以在二级市场融到钱，互联网泡沫破灭，倒闭潮就此开始。

但这并不是故事的终结。互联网在从顶峰滑下后，当然遭到了许多嘲笑，但也没有一蹶不振。在谷底经过漫长的蛰伏和探索，互联网终于在2008年、2009年、2013年等年份迎来一个又一个春天，更在移动互联网时代继续蓬勃发展。而春天的到来,也需要有人熬过寒冬来守望。

2018年,一位叫作"何有病"的女孩进行了一项区块链数字生存实验:"21天比特币生存挑战"。她抱着一本《数字化生存》,扎着双马尾,穿着白色运动外套登上了火车。她身上只有0.21枚比特币(折合人民币8800元)、一部手机和一个充电宝,规定只能使用比特币,且要在不能接受任何施舍的前提下,在北京、上海、深圳生存21天。新闻报道用了一个极为吸引眼球的说法:"这是人类历史上首次用比特币进行生存实验。"

8月28日,她来到了北京,在这里,她共寻求了113次帮助,但成功率仅为1.77%。两天后,她就成一个"麦难民"——指那些在24小时营业的麦当劳吃剩饭并过夜的人。第三天,她因饥饿过度被送进医院。最后,在北京区块链爱好者的支援下,"何有病"才完成了第一次比特币交易。这样的行为艺术显然也是借鉴了曾经的网络生存测试。

时光倒回20年前。1999年9月,10多家媒体及电子商务网站共同发起了72小时网络生存测试,通过网上报名、网友投票、媒体推选三关,产生了来自北京、上海、广州的各

4位志愿者,被异地"发配"到完全陌生的环境中。他们的生存空间为酒店标准房,有基本的生活工具,包括起居设备、沐浴设备,但没有生活饮水,没有电话、电视等,有一个"没有内存"的冰箱,卫生间中只有厕纸,与外界的沟通,只是一台可以上网的电脑。

在这72小时中,测试者不能携带任何物品进入房间,主办者提供1500元现金以及限额1500元的信用卡,还有当地ISP的上网账号和密码。直至测试结束,测试者始终不能离开房间,必须通过网络获取食物和水来维持生存。当生存不成为问题之后,测试者可以尝试通过网络获取来满足生活上或者精神上的需求。

测试现场装有摄像机,详细记录测试者每天的活动内容及上网记录。主办单位将依测试者的网络购物能力、网络社交能力、网络应用能力及网络学习能力等项目进行评判,优胜者将获得最高5000元的奖励。这次实验被视作中国互联网普及和互联网服务发展的标志性事件。

节物风光不相待,桑田碧海须臾改。20年前,只依靠一台电脑生存72小时,这便成为了轰动全国的新闻。而在20年后的今天,绝大部分中国人每天都用手机上网近3个小时，完成从生存、交流到娱乐在内的一切所需。

来自 QuestMobile 的数据显示，截至 2019 年 3 月，中国移动互联网月活跃用户数量已经达到 11.38 亿，虽然用户规模的同比增速首次跌至 4% 以下，但时长红利仍在，用户对移动互联网的依赖越来越强，每天花在移动互联网上的时间为 6 小时左右，同比增长半小时。

繁荣或无法天长地久，泡沫也不会倾覆所有。只有当潮水退去，你才知道谁在裸泳。只有当区块链真正跌出大众视野，无人再炒作捧杀的时候，人们才更容易关注区块链技术的实际价值；态度和情绪双双理性回归，区块链才能迎来平稳成熟的发展。

或许现在就是个好时机。毕竟区块链市场在经历了逐渐降温、行情低迷、币价暴跌后，人们总算是少了些最初的盲目和狂热，把视线更多地转移到区块链技术的实际价值和应用场景上来，让我们也终于能以更加冷静客观的视角来审视和分析区块链技术，来共创一个更好的空间。

Chapter Two

第二章
昨日的世界

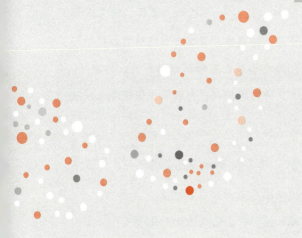

2010年8月，中央电视台财经频道推出了一档10集的大型电视纪录片《公司的力量》。这是中国第一部深刻探讨公司制度的电视专题片，以历史和发展的视角，梳理了近现代以来世界范围内"公司"的起源、发展、演变、创新；诠释了公司作为一种事物，自被发明以后的变迁和扩张的路径；同时也讲述了人类不断认识财富、认识市场、认识权力、认识人性的思想历程；勾画了市场经济深入演化的清晰脉络。

在昨日世界中，公司制是人类的伟大发明之一。数百年来，由公司编制的全球经济网络，几乎笼罩了每一个人、每一个国家。公司无处不在，已成为一种生存方式，它的好与坏，也影响着国家发展、社会进步和个人幸福的步调。

第一节 公司的诞生

世界变了,公司来了

哲学家、诺贝尔和平奖得主、哥伦比亚大学校长尼古拉斯·默里·巴特勒(Nicholas Murray Butler)是他那个时代的思想家之一。在1911年,有人问巴特勒,工业时代最重要的发明是什么:蒸汽机,还是电?巴特勒的回答是:"这些发明如果缺少一样东西,都会失效。"

那个"东西"就是有限责任公司,巴特勒认为这是"现代最伟大的单一发明"。他发出这个感慨时,现代公司已经诞生并存在了300年。在这数百年的时间里,资本主义从繁荣的工场手工业走向了更高效的机器生产,享受着地理大发现红利和殖民主义暴利的西方世界,带着更进一步的科技发展和文艺昌盛,也同步探索着商业世界里关于组织结构的更多可能性。

现代人将公司视作某种"自然人拥有产权制度的产物",从这个意义而言,其实可以说,人类历史上最早的公司是诞生在 2000 多年前的古罗马。随着社会交流分工的增加,在 2000 多年前,古罗马就以法律的形式规定了罗马人拥有不可侵犯的财产权,并且可以起诉与被起诉。

这个发迹于战场的帝国,为了管控打下来的辽阔疆域可谓耗资巨大。渐渐地,政府与商人两大群体之间形成了某种互相需要的默契,某些大商贾联合起来为政府解决部分财政问题,政府则允许这样的商人组织存在,代替政府去承包某些过去由政府控制的贸易及工程,甚至收税的职能。

从现代眼光来看,古罗马的公司形式就已经算合伙制了。他们选举管理人员,共同承担经营风险,市场交换成为公司生存与发展的土壤,人权平等又提供了商业自由缔约的前提。现代公司的原型就这样,一点一滴在这里开始萌发。这样类似公司的团体在欧洲存在了长达几百年的时间,如果一切顺其自然,它可能会在欧洲大陆生长出全新的枝杈。

但是后来,随着日耳曼人的入侵和罗马帝国的灭亡,城市凋敝、商业衰败,公司赖以生存和发展的基础就被破坏了。公司的故事,开始以另一种方式从历史的海风中徐徐吹来。

巴特勒所言的"有限责任公司",也就是现代公司的最直接前身,诞生于17世纪初的英国。在16世纪,西方冒险家发现了新大陆,海外贸易和殖民地掠夺迅速成为一种暴富捷径。欧洲的贸易范围空前扩大,贸易额剧增,要解决大规模贸易和交通运输的发展,要组建远洋船队,都需要巨额的资金,而凶吉未卜的远航更是充满了危险。

在那样一个踏浪蹈海的时代,远航已不是个别商人联合起来就能解决的问题,必须向社会筹集资金。为了筹集远航的资本和分摊经营风险,社会上出现了股份集资的方法。在传统协定中,一群合伙人可以借钱为公司的航海冒险提供资金,但是如果他们遭遇了灾难性的损失,比如商船沉了,他们就都需要以个人的方式对其合伙制企业产生的债务负全部(无限)责任。如果要让股东对自己所投资的一家企业承担无限连带责任,那么谁又敢来投资企业呢?此时,肯定是理性战胜贪心了。

1600年,东印度公司成立,英国伊丽莎白女王授权其在新年前夕必须处理完好望角东部所有的英国海运贸易,同时明确授予了218位投资者有限责任的权利,保障任何个人投资者都不负超过其初始投资额度的债务责任。

有限责任公司形成了在法律上的定义：股东以其出资额有限地对公司承担责任，而公司以其全部资产对公司的债务承担责任。随着有限责任条款利用的增加，"公司制"这个概念对商业所有者的吸引力瞬时扩大，所以，"有限责任"与其说是法律的产物，不如说是因为商业内生力而发生的"刚需"。

世界在继续变化，公司也随之变化。早期的特许股份制公司可以被看作是重商主义鼎盛时国家的外交政策工具，国家负责搭建垄断框架和公司主体，使这些企业不断接收来自商人阶层的资助。比如，英国东印度公司仿佛是一个持牌的代理殖民政府，统治了9000万印度人，雇佣20万士兵，组成了自己的行政机构，甚至还发行了自己的货币。

参与海洋争霸战的另一重要国家——荷兰也迅速跟上，成立了世界上第一个股份有限公司——荷兰东印度公司。从1602年3月20日成立，到1799年解散，在近200年间，荷兰东印度公司成为第一个可以自组佣兵、发行货币，并被获准与其他国家签订正式条约，对当地进行殖民统治的权力。

另一边，在英国东印度公司的诞生早期，公司成员被允许在东印度地区进行私人贸易。后来，公司成员可以认购公司内部子组织的股份，每一次贸易航行之后都会有利润分成，公司成员可以选择是否投资于某一航次；再后来，这一范围在规定的几年内扩大到若干航次；最终在17世纪中叶，股份制成为永久性的常设机制。

可以说，现代上市公司股东权利的基本特征在东印度公司时代就已经基本建立了。它的诞生创造了一种路径依赖，鼓励民众在接下来的两个半世纪中，投资股份制公司。这种企业组织形态出现以后，很快为资本主义国家广泛利用，成为资本主义国家企业组织的重要形式之一。

与此同时，伴随着股份公司的诞生和发展，以股票形式集资入股的方式也得到发展，并且产生了买卖交易转让股票的需求，这样又带动了股票市场的出现和形成，促进了股票市场的完善和发展。

1611年，东印度公司的股东们在阿姆斯特丹股票交易所进行股票交易，并在后来有了专门的经纪人撮合交易，阿姆斯特丹股票交易所由此成为世界上第一个股票市场。历史的创新，随时随地。

公司来了，世界变了

公司（corporation）这个词的词根来自拉丁语的 corpus，意为"身体"，意思是公司的社会身份来自法律的"拟人"。法律赋予了公司一个人格化的主体资格，它可以独立地以法人的名义来签署契约，享有权利并承担义务。法人资格导致了所有权分离，将所有权分化为两个层次：股东拥有对公司的剩余索取权和最终控制权；"公司"对其名下的财产拥有"所有权"。前者是原生性的，后者是派生性的，公司的法人财产权来自一个契约的安排。

19 世纪前，公司的存在前提是特许状，由皇家或政府发布文件，认定一群人组建一个独特的实体，拥有其自身的法律存在。1600 年 12 月 31 日，英格兰女王伊丽莎白一世授予东印度公司皇家许可状，正是这个许可状，给了该公司在东印度贸易中长达 21 年的垄断权。

殖民时代，政治阶层的很多成员把公司特许状视为促进本国工业的关键，因为它使承担风险变得可能并且可以聚集资本。但随着工业制造业的传播，交通和通信的革命，外部力量为制造业商品创造了内部联系更加紧密的国内市场，国家立法机关也面临着不断增长的、对特许状的申请需求。

加上公司特许状的申请过程相当烦琐,需要被逐个审核,然后由特定的立法机关法案授予。在纯人工操作的环境里,浩繁的文案工作本身就已经能够把人湮没了。慢慢地,国家开始转向一种新的被称作普通公司制的模式:行政性地而非通过立法的形式授予公司特许状。

这一次领跑的是美国。1811年,美国纽约州提出,有限责任不是皇家特权,而是适合任何一个制造公司,于是在那一年,纽约州成为第一个为制造业公司颁布普通公司制法律的州;在1837年,康涅狄格州又成为第一个允许在所有种类的经营中出现普通公司制的州;到了1870年,美国的每个州都在其法典上有某种类型的普通公司制法律。

这样的改变,引发了其他国家纷纷效仿,包括当时世界最大的经济体——英国,也从1854年开始采纳。

英国的《1862年公司法》宣告:"公司只是以营利为目的的市场组织,成立公司是每个公民都享有的权利。"从此,现代公司拥有了一张"出生证",从执行国家政策的工具变成了满足市场需要的主体,从少数人的特权变成了所有人的权利。

自此，公司成为促进科技成果转化为社会生产力的主力，促进生产效率大大提高，还创造了大量的社会财富；公司制定出了行业规则和标准，引领管理制度变革；公司改变了人们的生活方式和思维习惯，也改变了世界的方向。

这其中，"股份有限公司"又在公司的各种形态中占据着统治地位。纪录片《公司的力量》这样动情地赋予了它人情味："它集合资源，分散商业风险；它跨越血缘地缘，连接起千里之外的陌生人；它凝聚个体生命，拥有任何个人无法企及的能量；它开启了人类经济生活，乃至现代文明的新篇章。"

值得一提的是，19世纪六七十年代，在东西方的商业世界中，都发生着许许多多转折性、突破性的事件。

在东方，在受到列强炮火攻击与外来思想冲击的中国，李鸿章于1872年创办了轮船招商局，在中国第一次引入股份制。这种筹资方式，开阔了国人视野并促进了招商局的迅速壮大。此后10年间，中国的股份制企业增至20多家。

李鸿章曾这样记录："创办招商局十余年来，中国商民得减价之益而水脚（水路运费）少入洋商之手者，奚止数千万。"另据虞和平等人所著的《招商局与中国现代化》一书，招商局还率先投资开平矿务局、上海机器织布局和中国通商银行等。这是招商局作为一个公司，在历史上的第一次辉煌，也是公司制进入中国后，中国现代企业的第一次飞跃。《申报》这样评论道："招商局开其端，不数年间，风气为之大开，公司因之云集。"

近代几乎所有的商业活动，都是通过"公司"这种"社会力量"来进行的。甚至可以说，没有公司这种组织形式作为骨架，就没有商业世界和近代历史的血肉丰满。公司的诞生，与人类的其他伟大发明一样，在世界历史上留下了一道道深刻的车辙。

第二节 科斯的问题

公司的力量与影响

自16世纪人类发明"公司"这一新的经济组织形式后,公司便以其广泛的适应性成为世界最根本和最重要的经济组织。公司凝聚起生命个体的能力,使陌生人之间的合作成为可能,并将自身变成强大于任何个人力量的经济组织。除了推动社会的变革,同时也给每一个想奋斗的普通人搭建起了施展才能和智慧的平台。

央视纪录片《公司的力量》里有这样一段解说词:"自从智力和资本走到一起,人类社会的发展就呈现出了几何级数。自从有了公司,人类很多的新知识、新发明、新创意都有了明确的创造者和拥有者。据统计,从17世纪到20世纪70年代,被经济学家认为改变人类生活的160种主要创新中,80%以上都是由公司完成的。"

人类在过去的近 250 年里，创造了有史以来 97% 的财富，而这个时间段仅占人类诞生以来的 0.01%。创造这些财富的主角就是公司。300 多年前，英国思想家培根说："知识就是力量"，但让知识真正成为力量，让科技真正成为第一生产力的，并不是知识或者科技本身，而是面向市场进行创新的公司组织。例如，进入到 21 世纪后，全世界 70% 的专利和三分之二的研究开发经费出自跨国公司。

也是公司的力量，为普通人今天的生活提供了丰富多彩的机会，日益完善了现代社会。数据显示，截止到 2009 年，公司为全球 81% 的人口提供了工作机会，为经济贡献了 90% 的增长力，占全球生产总值的 94%。纪录片《公司的力量》中还统计了全球 100 大"经济体"，发现其中 51 个是公司，49 个是国家，很多公司"富可敌国"。

2018 年，登上当年《财富》世界 500 强排行榜的公司，其总营业收入近 30 万亿美元，同比增加 8.3%；总利润达到创纪录的 1.88 万亿美元，同比增加 23%；销售收益率则达到 6.3%，净资产收益率达到 10.9%。世界上没有哪个个体组织可以达到这样的体量，从某种意义上说，公司是体现人类"聚沙成塔"奇迹的一个载体。

这个载体,曾经让工业革命和技术革命大放异彩,除了制造出了令人满意的"肥皂",还诱导了大家"洗澡";这个载体,已成为规则和标准的制造者,各行各业的标准绝大部分都是出自公司之手。比如财务报表就是典型的"通用语言"。这个载体,又成为现代社会稳定发展的重要基石之一,提供了大多数的就业岗位,公司与员工之间所形成的是一种以共同经济利益为纽带、相对稳定的契约关系,对于维持社会稳定和社会秩序具有不可替代的作用。

如今,越来越多的人在追逐新的目标,希望公司能从创造财富的主要参与者、提高生活质量的促进者、重大革新的承载者,成为人类社会价值观的引领者。这就是在更多维度、更广宽度的图谱上,体现了公司存在的意义,发挥了公司进发的力量。

比如,眼下在全球,还有 20 亿人每天的生活费不到 3 美元,还有 16 亿人没有基本的卫生保证。同时,在近 20 多年里,由于科技革命,金融创新全球化,出现了像苹果、亚马逊这样市值高达万亿美元的公司,让很多小国都只能看到它们的车尾灯。不得不承认,这是世界的真相,但这样的对比放在一起,不是为了刺激谁。

如中国企业家俱乐部理事长、原招商银行行长马蔚华在谈到扶贫工作的未来时，引用了管理学家德鲁克的一句话："所有的社会问题，只有把它变成有利可图的商业机会的时候，这些社会问题才能根本解决"。谁来操作？种子选手仍然是公司。

那么返璞归真，如果我们从纯粹经济学的角度来看公司存在的意义，该如何作答？可以这样说，在大多经济学者看来，科斯1937年发表的《公司的性质》一文已经为这个问题画上了句号。

公司的诞生不是来自法律的赋予，而是现实商业社会的经济需求。从经济学的角度来看，公司是人们为了合作而通过契约创造的一个虚拟存在，公司最为重要的经济学意义在于其节约了交易成本。

存在的意义与边界

1910年的冬天，旅居日本的梁启超冷眼静观时局，写下了《敬告国中之谈实业者》一文。他在文中指出，股份有限公司在实业振兴中之重要，强有力的法治在经济发展中之重要，金融环境的重要、管理人才的重要，还有办公司背后的商业道德和责任心之重要。

作为一位游历欧美、学贯中西的社会学者，梁启超能将西方资本主义的经济学理论与实践同当时中国的社会实际相结合，不少精辟的论述在今天看来也依旧正确。尤其是他文中关于"公司家""职业道德"，及"公司观念"等经济术语的使用，跨越了一个多世纪的岁月鸿沟，仍与现代人同语。他忧心忡忡，在至高无上的君权之下，自由、平等的契约精神，法律保护下的产权制度，都会成为奢谈。

无论东方还是西方，有社会责任感的学者们从来都前赴后继，或为追求真理，或为创造未来。就在 1910 年那个冬天，一个名叫罗纳德·哈里·科斯（Ronald H. Coase）的婴儿在伦敦威尔斯登出生。后来，人们把他称为"新制度经济学的鼻祖，产权理论的奠基人"。中国人往往还会再加上一句，"其理论对中国的经济改革影响深远"。

这位 1991 年诺贝尔经济学奖的获得者，于 27 岁时在本科论文的基础上完善了文章《公司的性质》，奠定了自己的江湖地位。

那是 1937 年，第二次世界大战前，科斯正在伦敦政治经济学院执教。此前，在他 21 岁从伦敦政治经济学院毕业时，先是拿了一笔旅行奖学金在美国度过了几年,研究美国的工业结构。24岁那年,他去利物浦大学当了一年助理讲师,而后又再重回伦敦。就经济环境而言,科斯青年期所经历的1929~1933年,正是世界经济危机爆发的期间。工业生产和世界贸易大幅下降,大批公司相继倒闭,失业率很高。

《公司的性质》是最终让其获得1991年诺贝尔经济学奖的两篇论文之一,另一篇是他于1960年写就的《社会成本问题》。在这篇并不长的文章里,科斯通过回答两个基本的问题,从而为公司理论做出了历史性的贡献。这两个问题就是:公司为什么会存在?公司的规模由什么因素决定?相对应地,对这两个问题的回答——市场成本论与组织成本论——构成了《公司的性质》的核心内容。

科斯认为,公司之所以存在,是因为它可以节约交易成本。交易成本包括交易过程中出现的寻找交易伙伴、谈判交易条件的成本,还包括签订合同及执行合同的成本,以及违约后进行处罚的成本。

公司与市场的不同在于,它可以用权威代替价格进行资源配置,从而大大节约了交易成本,主要体现在:合同数量的减少、长期合同替代短期合同、定价次数的减少、应对不确定事件能力的上升。因为在现实中,为了做成一笔买卖需要付出时间、精力和各种其他代价:如市场调查、情报搜集、质量检验、条件谈判、讨价还价、起草合同、聘请律师……直至最后执行合同、汇款、运输。

我们来假设一下这个社会如果不存在公司,那么任何一笔交易的达成,大到一个油田的交易,小到一个鸡蛋的买卖,每一笔都需要双方进行协商达成,这将会让整个社会的签约数量非常巨大,消耗的个体和社会成本也是不可估量的。

而当公司存在时,公司就变成了一个"中心签约人"。无论是任何交易主体,包括债权人、员工、上下游供货商、顾客,都不需要和所有的关联方多边谈判,而只是和"公司"单独签约就可以了。剩下的事情交由公司内部来处理,这样就减少了合同的签约数量。

那么,既然公司与市场相比有这么多的优势,为什么公司并没有无限地膨胀并吞没整个市场呢?这个问题提醒我们,公司是有其发展边界的。公司发展边界在哪儿?或者说,一种投入品,究竟是应该在市场上购买,还是应该在内部生产?这就是著名的 make-it-or-buy-it(制造还是购买)的问题。

科斯的答案依然是交易成本。市场上购买存在交易成本，市场交易成本越大，就越应该在内部生产，多元化的优势也越大。但是，公司的内部也不是无摩擦的，它存在着代理成本，随着公司内配置的资源种类和数量的增加，公司的组织规模也随之扩张，上下级科层间的委托代理链条也不断拉长，命令传递的信息成本因而大幅提高，也就意味着内部的代理成本在增大。

公司必须在市场交易成本与内部代理成本之间权衡。当市场交易成本大于内部代理成本时，就应该由内部生产；反之，便应该在市场上购买。两种交易成本的此消彼长，最终一定会出现一个均衡点，即在公司内每增加一单位交易所带来的交易成本的增加，等于在市场中每减少一单位交易所带来的交易成本的减少，公司的边界就确定下来并趋于平衡了。

进一步地，如果把市场边际交易成本视为公司的边际收益，那么，在公司与市场的均衡边界上，一定会出现公司边际交易成本等于市场边际交易成本或公司边际收益的情形。

一场经典辩论，一个经典定理

1960年春天的一个晚上，在芝加哥大学经济学派主要代表人物之一的迪莱克特的家中展开了一场经典的辩论，事由和科斯相关。

此前，已移居美国的科斯向迪莱克特主编的《法律与经济学》投了一篇长文，题为《联邦通讯委员会》，把他对公用经济学，尤其是对广播业内的经济逻辑和关系的研究进行了阐述。迪莱克特认为这是天才之作，但公开讨论时，芝加哥大学的众多经济学家却都纷纷表示反对。

迪莱克特便出面邀请了弗里德曼（1976年诺贝尔经济学奖得主）、乔治·施蒂格勒（1982年诺贝尔经济学奖得主）、阿诺德·哈伯格尔（福利经济学首要人物）、马丁·贝利（默契合约理论大家）、鲁本·凯塞尔（医学经济学的创始人）、约翰·麦吉（专利权理论专家）、格雷格·刘易斯（劳工经济学专家）、劳埃德·明茨（经济学理论专家），上演了这场经济学史上最著名的"夜聊"。

话题并没有直接从《联邦通讯委员会》一文开始，科斯从文中论及的另一个例子——环境权和污染治理问题入手。科斯问："假定一家工厂，因为生产而污染了邻居，损害了邻居的利益，政府应不应该对工厂加以约束，以征税或行政强制命令，使工厂减少污染呢？"除了弗里德曼沉吟未语外，几乎所有在座的人都认为应该对工厂采取措施，加以干预。

但是科斯认为，如果最初界定了工厂有污染权，那么居民就可以用购买的方式来获得一个干净的环境；如果最初界定了居民有环境权，那么工厂就可以用付费的方式来获得生产排污的权利。这两种界定方式并无高下善恶之分，只要最初界定明确，并且交易成本为零，那么资源自然流动就能促成最高效率的分配。在这个意义上，最初将权利界定给谁变得并不重要了。

这一观点引起了长达 3 小时之久的激烈争辩，科斯以一敌众。开始，几乎人人都反对科斯的观点，但到中途，神队友登场。弗里德曼突然倒戈，转而赞成了科斯，并火力全开把"对方辩友"批驳得体无完肤。

科斯曾回忆说："当夜我坚持己见，因为怎样也不曾想到我可能会错，但眼见那么多高手反对，我就不敢肯定了。到弗里德曼半途杀出，他的分析清楚绝伦，我才知道自己大可高枕无忧了。"

谈及那一夜，乔治·施蒂格勒后来对经济学家张五常说："那天没有用录音机，是日后经济学史上的一大损失。"麦吉则说："当夜是英国人的光荣，一个英国人单枪匹马战胜了整个芝加哥经济学派。当夜深人静,他们离开迪莱克特的家时,互相对望,难以置信地自言自语说:'我们刚才在为历史作证'。"

离开迪莱克特家的科斯成竹在胸。他回到弗吉尼亚大学,当即答应再写一篇进一步分析所讨论问题的文章,这就是那篇著名的《社会成本问题》。此文再度石破天惊,成为20世纪被引用次数最多的经济学文章之一。

科斯提出了交易费用理论(又称"科斯定理",Coase Theorem),该定理最大的启发意义在于,它向我们揭示了一个秘密:市场机制的运行是有成本的,制度的使用也是有成本的。因此,当交易中需要付出的代价太多,人们可能要考虑交易费用较低的替代方案,甚至干脆放弃交易。

长期以来,科斯定理一直在诸多领域悄然无形地影响着人类的生活,从经济学到社会学。有人甚至把它用到了恋爱理论里:"单身狗之所以单身,不是因为他们没人爱,而是因为在茫茫人海中碰到一个和自己情投意合的人成本太高了:了解异性需要时间、精力和金钱,人与人之间的交往充满了不互信和套路,感情本身也不适合挑挑拣拣……正因为恋爱中的'交易成本'太高,感情世界里才有无数的将就和妥协。"

2013 年 9 月 2 日，102 岁的科斯与世长辞。此时，距离他原计划的首次中国之旅仅差一个月。无论认可他还是质疑他的人，都无法否认一个事实，那就是他的产权与交易理论举世闻名，并在中国大地尤为神奇地产生了难以估量的深远影响。

科斯在 98 岁高龄时，用自己的诺奖奖金资助了关于中国经济改革的研讨会，并动情地表示："中国的奋斗，便是人类的奋斗，中国的经验对全人类非常重要。我将长眠，祝福中国。"令闻者动容。

那么，在面对层次丰富的制度创新和变幻无穷的公司实战时，他的另一句嘱托，或许对各行各业的实干者而言更意味深长："要将思想变成现实，比我行将要进入的长眠要更难一些。"

第三节 公司的治理

契约、投资、激励

在现代公司制度下，公司是一系列契约的集合。在外部层面，公司是企业家能力和财富的契约合作，直接管理企业的企业家往往只提供部分的投资，外部投资者则提供大量的资本。随着企业家出资比例不断下降，外部资本比例的不断上升，企业家最后演变为"职业经理人"，专门负责企业的决策和运营，而大量的投资者、股东则远离企业日常的生产经营，这就是公司的"所有权和经营权的分离"。

而在企业内部，是决策者和执行者的契约合作，能力强的人、善于决策的人负责决定做什么、如何做，而另一些人则去执行相应的决策。这种契约关系可能是正式的，比如按照法律规定，公司必须要与员工之间签订劳动合同；也可能是非正式的，比如部门主管与下级员工之间的权利和义务关系。从理论上讲，这些契约应该都是自愿达成的，当市场上存在机会让各方获利时，各方才会签约；当契约对各方当事人都有害时，契约就会被废除。

对于普通个体而言，最重要的契约一定事关付出与回报。古典经济学认为，人总是追求自身利益最大化，只要有机会，就会消极怠工。而公司雇佣合同的存在，可以减少偷懒情况的发生。

在企业中，工资水平一般是随着工龄而变化的，工龄越长，工资也就越高。但是工人的劳动生产率变化却会先随着工人参加工作时间的增加而上升，到了一定阶段之后又会随着年龄的增长而下降。在工人刚刚参加工作时，他的劳动生产率是高于工资水平的，但随着工资的上升和劳动率的下降，在某个时间点情况会发生逆转——工资水平超出了他的劳动生产率水平。

所以，为什么企业会预先拿走一部分工人创造的价值呢？一个主要的原因就是防止工人偷懒，因为在这样的工资制度下，偷懒的成本是很大的。在工作的早期阶段，工资低于劳动生产率，就类似让工人缴纳一种保证金，这样，在任何一个时间点上，如果工人偷懒的话，他就会被解雇，保证金也就拿不到了。工人显然也会意识到这一点,所以为了以后能拿到更多的工资,也就愿意在先期老老实实地干活了。

这就是《人事管理经济学》作者拉齐尔(Lazear)于1979年提出的"延期报酬模型"(Delayed Payments),构成了"职业生涯激励理论"的核心思想。这个理论旨在说明:有些员工已经无法在企业内继续晋升了,他们自己也明白这一点,于是他们就可能变得消极;但是,倘若企业在开始的时候支付他们低于其所值的工资,而在工作的末期支付高于其所值的工资,陡峭的年龄-工资剖面曲线就可能将起到积极的激励效果。

另一方面,公司与员工的长期雇佣关系能促进彼此之间的投资。另一位诺贝尔经济学奖得主、制度经济学代表人物奥利佛·威廉姆森(Oliver Williamson)认为,投资中相当大的部分都是关系专用性投资,即都是为某种特定的交易对象进行的投资,一旦脱离了这个对象,投资的价值就将大幅度下降,甚至荡然无存。在还没有进行投资时,市场上存在着许多潜在的交易者,他们之间互相竞争,但是一旦投资,双方就被锁定,就变成了垄断者。

打个比方,一对男女朋友在恋爱之前双方都有很多选择机会，而一旦确定了恋爱关系并进行了"情感投资"，比如结婚之后，双方就都变成了"垄断者"。以经济学视角来看，对于夫妻双方来说，相互之间的专属性投资是很大的。如果他们中的一方还想再投资别人的话，成本将比较大。对于公司来说，长期的雇佣合同让公司能够投入更多的资源来培养员工，而员工也会更好地投入到共同的公司事业中去。

但另外有些情况也在同步变化的。从20世纪中期开始，作为公司取得的最重要成就之一，管理发展成为一门公共学问。一时间，整个社会仿佛都被公司化了。公司的治理成为社会的一种特别主动的意识，智力成为重要的资本，职业经理人的成功为普通人指出了一条通往梦想的新路径。

如果把公司看作是各种资源拥有者之间签署的一组合约，那么管理就是要在同一平台上，处理好各种权利关系。彼得·德鲁克说："组织的目的是使平凡的人做出不平凡的事。"那么追加一个问题，为了做出不平凡的事，是不是也需要给出一些不平凡的设计？

一家公司的良好运行，应该是一个各方多赢的制度设计，不论是企业家、投资人还是普通员工，如果要使他们愿意加入公司，就必须保证他们从中得到的要比自己单干时得到的多，公司必须是能使"1＋1＞2"这个表达式成立的组织，而要让这个公式成立，公司就必须创造出额外的"组织租金"——激励。

从效率的观点看，加入企业是一个帕累托改进。但是，这个潜在的帕累托改进能否实现，还依赖于两个基本问题的解决：第一个问题是经营者选择的问题，也就是如何保证真正具有企业家才能的人管理企业；第二个问题是激励问题，也就是如何使企业成员积极努力地工作。

信息不对称与测度成本

在一个公司中，法人资格节约交易成本，还在于它是一个基于连带责任组成的团队，节约了信息获得的成本。政府向公司施加公共管理职责就是一种获得信息的方式。现代企业可以理解为个人之间通过合约形成连带责任的中介。因为契约的不完备性，公司的所有者必须对企业雇员的行为承担连带责任，而员工仅对契约中的承诺承担有限责任。

也正因为如此，公司所有者才获得了监督员工的动力，从而通过内部激励机制的设计将责任落实于个人。公司的连带责任大大节约了交易的信息成本，使得个体行为得到更有效的社会监督。正是在这个意义上，我们说，没有现代的连带责任，就没有现代市场经济。

法人资格也提高了信誉能力，降低了机会主义行为。例如，如果麦当劳的一名员工损害了顾客的利益，消费者不需要找到这个员工本人，因为麦当劳作为公司会对整体负责。这也意味着，公司规模越大，越要加强内部管理，这就是信誉机制在起作用。

我们知道，当一个人为自己干活的时候是不会偷懒的，也不需要设计激励机制。但是企业不是单个人的组织，而是许多人的集合，它进行的是团队工作，不可能使每个成员都像为自己干活那样努力，因此激励的损失就不可避免了。虽然是不可避免的，但我们总是愿意尽可能地减少这种损失，于是设计激励机制的问题就变成了如何使激励损失最小化的问题。

在《国富论》中，现代经济思想之父亚当·斯密表达了他对职业经理人管理公司的看法："不要指望他们会像私人合伙公司的合伙人一样时刻警觉、谨慎地经营自己的财富。"

激励的问题可以归结于经济学上一个重要的概念：信息不对

称。每个用户都存在私有信息,这意味着在交易中,任何人都不可能充分掌握其他人的所有私人信息。信息分布在众多参与者中,他们倾向隐藏自己的真实信息,并利用私人信息来将个人利益最大化。交易双方、契约双方、博弈双方,参与者的信息不对称都跟私有信息紧密相关。

信息不对称会导致什么?经济学理论告诉我们,会导致两个后果:一个叫作道德陷阱,一个叫作逆向选择。

比如,在买保险的场景中,什么样的人最倾向于买重疾险?最有可能得重疾的人。从概率的角度来说,越大概率得重疾的人越会买重疾险。而买了这个保险之后,他的行为可能会有变化。因为他买了保险,可能就不再爱惜自己,不再关注自己的饮食,随意地对待自己的身体,这是第二个情况,叫作逆向选择。在公司治理中也一样,信息不对称往往会导致道德陷阱和逆向选择,这会产生我们今天激励的难题。

当出现信息不对称之后,在我们传统公司制架构的场景里,会给每一个管理者带来绩效测度的难题:你到底如何在这个人的行为和结果之间做因果分析,做精确的测度。如果你去做精确测度,第一,存在测度的边界;第二,很多测度是有成本的。其实你会发现，有时候对绩效以及对行为和结果之间的关联度加以测度，要付出高昂的代价。

中欧商学院会计学系苏锡嘉教授举过一个例子，在民国时期，有一对传教士夫妇到四川那边旅游，当时的三峡没有轮船，靠纤夫拉船。这时候，传教士的夫人看到了一件让她难以接受的事，这些纤夫拼命往前拉，而边上有一个人拿着鞭子在抽纤夫。当她刚想去制止的时候，她的丈夫制止了她，这位传教士说你不能去制止，因为这个背后是一个"激励的测度"问题。

为什么纤夫拉纤的时候会有人拿着鞭子？夫人发现，这个抽鞭子的人不是监工，而是纤夫们一起出钱雇佣的。也就是说，他们专门雇了一个人来监督他们自己，以免中间有人偷懒，最终影响整个团队的绩效；另外，这还可以预防可能出现的危险。大家可以看到，这是一个多么极端的场景，但这里面就涉及测度的成本以及测度的边界。

激励困境的底层逻辑

回到公司内部激励困境，这个困境背后的底层逻辑是什么？第一个逻辑，它的测度往往以年为单位，是非连续性的，因为复式记账法没办法给出连续性的精确测度。

比如，你每个月的贡献是有差异的，但是你每个月的基本工资不会变化。那么内部 ROI（投资回报率）的计算和激励由谁决定？基本上由老板或者由你的领导决定。我们公司很多时候会组织 360 测评[⊖]，用 360 测评来对冲中性化的评估，但是从实践角度来说，360 评估的对冲效果非常一般。

这就会导致我们内部的激励出现两个特别大的问题：第一个问题是激励的"黑匣子效应"。激励基本上像一个黑匣子，到底 A 和 B 的最终激励结果是怎么评定的？你无法分解和精确计算。

底层账本的制约，除了导致我们整个对内部 ROI 的测度不精确，还将导致第二个问题：内部激励的中心化和不精确导致激励的颗粒度非常粗。这就产生了激励的"黑匣子效应"和激励的粗颗粒度问题。

这种激励方式在过去几代人的身上或许没有任何问题，因为

⊖ 360 测评的全称是"360 度评估"，是绩效考核方法之一，亦可称为多源评估或多评价者评估，即以多元化维度对人员进行考核。

他们从短缺年代走过来，特别能吃苦耐劳。而且他们还深受儒家思想的影响，讲究"修身齐家治国平天下"，要"仁"、也要"义"。他们从小受到的教育叫"延迟满足"，满足感越延迟越好。

但是，今天已成为社会主流人群的"90后""00后"，还有未来的"10后"们，还会接受这个逻辑吗？经过和很多"95后""00后"的对话与调查，我们得到一个结论："95后""00后"对这种非连续的、中心化的、不精确的激励方式完全不在意、不欣赏。

"95后"是怎样的一代人？第一，他们从非短缺经济时代过来；第二，从小是伴随着游戏成长的，在他们的世界里，游戏化的情景非常重要。为什么大人小孩玩游戏都会上瘾？因为它会及时反馈。这一代就业者的思维是一个游戏化思维，是及时反馈思维，他对反馈的要求不是说一年后我做好某个工作，你给我某些激励，他们要求是现在、马上！

我们看到过一个很有意思的案例。公司里的负责人承诺，年底会给员工一辆车作为激励，但他把这辆车拆成车轱辘、方向盘等，然后把部件按周抛给员工，效果非常好。因为员工知道我又多了一个轮子，又多了一个方向盘，我的这辆车快要到手了。

这是极少数的个案,上述两大激励困境基本上在目前的各行各业各个公司都存在。我们来看第二个逻辑层面,因为相比之下,创业公司还要更惨一些,因为它们还会多出一层困境——创业公司没有历史数据,它的一切激励都要基于对未来的预测,而这种预测也充满了误判和不确定性。

我们经常会发现一个经典场景:三个人一起创业,他们对未来有一个预判,在这个预判中,老大对这家公司的贡献是70%,其他两个人对这家公司的贡献是15%。所以最后的股权架构是什么样呢?老大70%,另外两人各15%。这是每天都在发生的经典场景。但是大家有没有想过,这种判断过程有没有风险?有没有不确定性?

这种判断产生了第一个困境:合伙人困境。因为这种预判充满了对自己以及他人能力的误判,也就充满了不确定性。等业务往前走远了才会发现,一开始对创始人能力的判断以及对应的股权激励根本就是错配的;等公司发展到某个点才发现,创始人的能力是不符合最初预判的,他根本不应该拿那么多。但这个时候,公司架构已经形成,你再要做出调整,往往会非常艰难,甚至需要付出巨大的代价,这就是合伙人困境。

产生的第二个困境是连续创业困境。比如,"我"今天的判断是自己对未来的贡献为70%,"你们俩"为15%。有一个可能是,"我"对自己这70%的判断是错的,有可能"你们俩"的贡献是70%,"我"的贡献只有15%,"我"的判断正好反了。

还有一种可能性在现实中更加比比皆是,就是"我们仨"在这件事里都不行,随着时间的推移,"我们"起的作用都非常小,而"我们"其实应该把整个架构中的大部分给某个未来的人。因为"我们"的贡献跟后面新加入的成员之间的能力之间是错配的;但新成员即便能力强,这时候也无法对股权做出重大调整。由于这个架构的制约,使得"我们"对未来的开放度极其有限,只能做细微的调整,而不是革命性的变化。

外部的 ROI 同样存在问题。外部的 ROI 怎么算?我们怎么对用户进行激励?最常见的公司激励方式,就是老用户带来一个新用户,那就给他一个优惠券。

就像 Uber 早期进入上海的时候,有人很兴奋地传播,帮 Uber 早期发展了很多用户。但是传播者从 Uber 获得了什么？获得了几张打车券，Uber的成长其实跟传播者没有任何关系。大家应该思考这样一个问题：那些早期的用户往往可能扮演着比内部员工更加关键的角色，但是这批人在整个激励过程中间又获得了什么呢？无非就两个东西，一个是优惠券，还有一个就是积分。比如航空公司，消费者选乘它们的航班，成为其忠实用户，然后获赠积分，用积分去换小礼品，这就是大公司的常规套路。积分当然有价值，但是积分解决不了什么问题，积分也不是一个及时反馈。抛开及时性的问题，积分类的激励于内于外都有一个更本质的缺陷：你拿不到这个企业的成长溢价，最终这个企业的成长跟你是没关系的。所以，积分体系是一种经典的存量思维，而不是一个增量思维。

正由于激励困境而导致测度的成本和测度的边界，才引出了商业史上一直存在的经典问题：公司三个最核心的利益相关方；一个是股东，一个是员工，还有一个是用户。在这三者的三边博弈里，到底谁应该排在第一位？

第四节 对博弈的回答

谁都知道，想要基业长青，机制往往比人更靠得住。只不过这世界上从来没有尽善尽美或一劳永逸的制度安排，每一种选择背后，都标注着成本和时效的价格贴。对任何组织而言，当旧的权力平衡被打破、信任渐渐折损，唯一的办法是求取新的平衡，建立新的信任。

股东、员工、用户的三边博弈，在现代商业史上就是一个通过传统的公司制机构无法解决的问题。在新的平衡、新的信任到来前，我们对旧秩序进行一下客观梳理，也是对新世界的一次诚挚礼敬。

股东第一

股东第一，这个商业历史上最有名的论断，来自一位大家都很熟悉的著名经理人，通用电气的杰克·韦尔奇。杰克·

韦尔奇在通用电气的任期长达 21 年，从 1981 年到 2001 年。"9·11"爆发的四天前他离任，"9·11"之后美国经济遭遇重创。

通用电气的市值在最高点的时候达到了 6000 亿美元，是当时全球市值第一的公司。杰克·韦尔奇给这家公司留下的丰厚的遗产还包括他在 1981 年提出的一个口号——股东利益最大化。"股东利益最大化"这个概念随着通用业绩的提升和杰克·韦尔奇个人影响力的发展，最终成为美国商业界的"通用准则"——公司存在的前提和基础就是为股东创造最大的价值。

这个论断在美国商业界已基本形成共识，美国公司大多都倾向认为股东最重要。跨国公司展开全球业务时，往往都会写上类似于强生公司的两句话："顾客的要求必须迅速、准确地满足"，以及"我们对员工负责，对在世界各地与我们共事的人负责"。但归根结底的价值观，仍然是"我们最终必须对我们的股东负责，我们的业务应该产生丰厚的利润"。

这种价值观传到了欧洲，传到了日本，最后又传到了中国。我们的主流商业界从某一个阶段开始，也爱说股东利益最大化，但在很长一段时间内没有人去质疑这个逻辑背后的另外两端——员工和用户,他们到底应该被放在一个什么样的位置上。

对股东利益最大化的质疑和挑战在 2008 年集中爆发。2008 年,全球金融危机爆发,随着各种调查的不断深入,很多员工层和用户发现,股东利益最大化其实并没有给公司带来长远的发展。尤其是当管理层把股东回报作为首要的经营目标时,该公司往往会重视短期战略,而不是长期战略,对员工和用户的利益造成了伤害。

从 2008 年开始,对股东利益最大化的反思和重构,成为公司治理中的重中之重。在这一波浪潮下,杰克·韦尔奇本人也承担着巨大的压力,所以在 2009 年,他做出了一个非常有意思的声明:"第一,我从来没有说过股东利益最大化这个事;第二,股东利益最大化是世界上最愚蠢的观点。"

为什么前后会有如此巨大的差异呢?我们来看一组简单的数据,如果以股东的回报作为整体经营的目标,通用电气毫无疑问是非常成功的,年回报率达 23%。但与此同时,它必须要做到高强度的市值管理。市值管理里面非常重要的一环是什么?是每个收益跟预测的一致性。今天回过头来看,通用电气的市值管理简直到了一个令人匪夷所思的地步。

每家公司都有很多分析师,这些分析师每个季度会给一个预测。我们来看一个大数据，下图是韦尔奇时代分析师的预测。

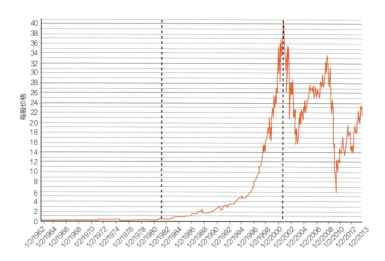

下图是韦尔奇时代的继任者伊梅尔特时代分析师的预测。

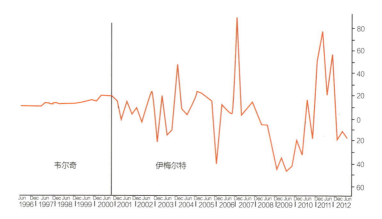

在韦尔奇时代，通用的季报和分析师预期的这个差是一条直线；而到了伊梅尔特时代，这个差变为了折线。

多伦多大学洛特曼商学院院长罗杰·马丁教授对杰克·韦尔奇时代的季报做了完整的分析。他总结了杰克·韦尔奇从1989年12月31日到2001年的9月30日发布的48个季报，达到和超过分析师预期的季报表现有46个，也就是通用的经营成绩，有96%的时间达到或者超过了分析师的预期。

这48个季报里面，有41个是正好达到的，剩下的7个里面，有4个超过2分钱，1个超过1分钱，1个少了1分钱，1个少了2分钱。请问谁能在全球范围内找到一位这么优秀的"神枪手"，在48次射击里面能命中靶心范围46次。

大家自然很好奇，杰克·韦尔奇是怎么做到的？他的做法其实很简单，当时通用电气60%的利润来自金融行业，而不是实体行业，所以它的资产里有一大块是金融资产。当这个季度利润业绩"缺一块"的时候怎么做？那就卖掉一点其他资产，过不久再把它买回来做一个换手，这是当时的实情。而且从通用的角度来说，这样操作也简单有效。所以才能够一个季度接着一个季度，业绩持之以恒地达到或者超过一个高水准。

从这个例子我们不难看出,在这个三方博弈过程中,所谓的股东利益最大化这件事,往往和用户、和员工的利益是相冲突,成为一种"向上交代、向外交代"的粉饰或压力。

通用故事的续集也十分有意思,后韦尔奇时代的通用公司几经资本腾挪,也几度换帅。2017年8月,约翰·弗兰纳里出任CEO一职,取代匆匆离职的伊梅尔特。但又因他的复苏举措乏力,备感沮丧的董事会又于2018年10月任命公司董事拉里·卡尔普为新任董事长兼首席执行官。此前,已经跌至9年来最低点的通用电气股价,闻讯盘前大涨16%。

如果这些还不足以彰显"股东第一"倾向的话,我们再看一下卡尔普的收入如何计算。卡尔普在2022年第三季度末的收入,将以通用电气股票的增长为标准。如果公司股价上涨50%,他将获得250万股通用电气股票,约合4700万美元。如果股票上涨150%,那么他会获得750万股的股票,价值约合2.33亿美元。这股流行风潮不止在通用,各大公司的高管层收入都大幅与股价挂钩,大家能不把股东的利益放在第一位吗?

员工第一

我们再换一个维度来看。如果说很多美国公司的股东对管理层不满,可以想换人就换人的话,他们对员工的态度如何呢?

其中有一家美国公司给员工特别高的"地位",说它的员工是伙伴:"我们的每一个员工,包括在前面站柜台的都是我们的伙伴。"这家公司就是全球零售业"巨无霸"沃尔玛。

但在过去几年,时不时就有美国沃尔玛员工和劳工权益维护者上街游行,因为最低工资等级制度、50%的临时工聘用制度,让很多员工甚至都拿不到基本的医保,变成了一个美国的社会问题。2016年夏天,沃尔玛中国区也遭遇一波大规模的员工质疑,南昌、成都、重庆、深圳、哈尔滨等多地沃尔玛门店的基层员工罢工,抗议沃尔玛在华推行的"综合工时"制度,把中国员工原来的标准工时更改为按小时计薪。

所以很多表面上说把员工当伙伴的公司,真的把员工当成伙伴了吗?也不好说,至少当危机考验来临时,先舍弃谁的利益这个问题,在员工和股东或者管理层之间还存在着一个巨大的鸿沟。

就在刚刚过去的2019年4月,沃尔玛宣布准备从2020年2月开始停止员工利润分享的计划。要知道,沃尔玛的员工利润自动分享渠道已经开设长达39年之久,在早前的利润分享计划下,员工最高可以获得公司利润的4%。不过在公司管理层看来,在目前零售业境遇不佳的前提下,员工的利益可以先放一放了。

或许在"员工第一"这个层面上,日本公司要比美国公司不那么口是心非一些。日本的上市公司在20世纪90年代,业绩还可以做到平均5%的收益率,进入21世纪后收益率渐渐下降到了0附近。但即使普遍出现了经营困难,日本公司也是能不裁员就不裁员,为什么呢?一方面,因为日本公司比较普遍采用终身雇佣制,"公司"更像是一个员工组合成的共同体,而不是为股东赚钱的机器。另一方面,在讲究人情味的东方文化里,解决管理问题的时候也不习惯那么直接提刀相见。

这种偏"人性化"的设计,使得稻盛和夫的管理理念及其所著《活法》一书在日本、中国等亚洲国家非常流行。稻盛和夫说过一句话:企业最重要的使命,是保障员工及其家庭的生活,"要把员工放在第一位,客户第二,最后才是股东"。当然在现实中,这种"员工第一"的理念虽然让日本员工的忠诚度比较高,但也导致普遍工作强度比较大,满意度见仁见智。

在中国,也有一位真正的企业家代表数十年来以身作则,坚持"员工第一",那就是海尔掌舵人张瑞敏。张瑞敏坚信"上下同欲者胜",树立了海尔"人的价值第一""员工第一"的理念。他说到了,并且做到了。

在最早期,当海尔发展情况有所好转,能够为员工分发福利的时候,公司就拿一批冰箱换回来煤气证,但是每一批换得不多。于是,张瑞敏定了一条规定,倒三班的先发,发完他们之后给倒两班的,倒两班的发完了之后给常规班的,最后是管理人员。

到了分房子的时候,公司领导就算房子再紧张,也是先给工人分。海尔流传着一个真实的故事,一个生产线上的老工人分完房子之后,动手扫院子。张瑞敏问他为什么要扫院子?老工人说,从来没想到普通工人也能够分到房子,无以为报,就天天早上扫院子。

正是张瑞敏以身作则,将员工价值放在首位的导向,让海尔形成了上下同心的创新创业精神,成功实现了一次次的战略转型,包括在互联网时代到来的时刻。

张瑞敏说,互联网带来的是与用户之间的零距离,"它是去中心化、去中介化的,也一定是分布式的。传统公司的流水线和科层制在互联网时代都被颠覆了"。于是,海尔在互联网时代创造了一种新的管理模式——"人单合一"。人就是员工,单就是用户需求,把员工和用户需求联系在一起。

2016年6月,海尔并购了具有120年历史的美国GEA公司。美国《财富》杂志记者采访张瑞敏的时候说很难想象,这么大的一个国际化并购,而且国际化并购的平均失败率为80%,海尔竟然一个人都不派,让他们自己做,他们怎么会做好呢?张瑞敏这样回答:"我们就像你们西餐当中的沙拉一样,每一盘沙拉里面的蔬菜都是各式各样的,但是有一样是统一的,就是沙拉酱。我们的沙拉酱就是'人单合一'。'人单合一'把人的价值放在了第一位。"

他直言不讳地说,自己跟美国公司想的不一样,他认为美国公司关于"股东第一"那个概念是错的,"你不能是股东第一,应该是员工第一。因为股东只是分享价值,不会给你创造价值"。

这位中国的优秀企业家把员工和用户敏锐又聪慧地融合在了一起,让辩论台另一边坐着的股东方代表心里空落落的。

用户第一

当"股东第一"渐遭冷遇,"员工第一"飘忽不定,"用户第一"终于横空出世了。 我们不妨先回头做个小结。

早期,当资本是整个生产过程中间最重要的元素时,三方谁最重要的这个话题,曾有过近乎标准的答案,就是股东利益最大化。 但随着资本的地位在生产要素里逐步下滑,知识、技术在整个生产要素中的地位不断上升,这一答案开始备受争议。 那么,在股东、员工和用户的三边博弈中,为什么一定要把股东摆在第一位?

很多学术界和工业界的关键意见领袖开始抨击股东利益最大化的做法,认为在理论上,它缺乏深度的逻辑;在实践上,对企业短期行为有激励作用,但会让企业丧失长期的竞争优势。 此后,全球范围内开始了对这一回答的反思。 许多业界领袖明确抛开股东利益最大化,其中也包括中国的一些顶尖公司和管理者，阿里巴巴的马云就明确提出：股东放在最次席。

他的金句包括："阿里巴巴从成立到今天（马云说这番话时是2016年），16年来坚持客户第一、员工第二、股东第三。只有满足了客户的需求，员工快乐，才有可能创新；只要客户满意了，员工满意了，股东一定会满意""不要相信股东对你讲我是看长期效益的，因为他今天可以卖掉你买个新的""我认为客户第一、员工第二、股东第三是21世纪企业的普遍价值观"。

更不要说产业界的态度。在中国的实业界，践行"用户第一"价值观最为著名的公司就是华为。任正非的一句"以客户为中心"，让许多企业家心向往之，群起效仿。作为一家备受尊敬的中国企业，华为能够在全球激烈的市场竞争中取得令人钦佩的成绩，确确实实是做到了用户第一——其对客户需求的重视，可以说达到了极致的层面。

任正非曾写过一篇《为客户服务是企业生存的唯一理由——谈谈华为公司的企业战略》的文章，文中专门论述客户对华为意味着什么。文章谈道："为客户服务是华为能够生存的理由，我们认识到客户才是华为能够发展下去的动力，而组织、流程、制度、政策、企业文化等方面的建设也必须以客户需求为导向。服务的最终目标是获得商业利益，而服务对象的满意程度是华为是否可以生存下来的终极评判标准。"

除去资本、认知和技术在生产要素的地位变化，我们再从大的历史逻辑框架来看，从第二次世界大战后到现在的 70 年间，我们经历了两次定价权的转移。第一次转移是从制造商转到渠道商，可以简单理解为从"定价为王"到"渠道为王"；第二次转移是从渠道转到用户，也就是从"渠道为王"到"用户为王"。

转移的触发因素是互联网。互联网的诞生，使得卖方和买方之间的信息不对称被填平了，定价权的天平又一次不可逆转地从卖方逐步转移到了买方手中，用户有了前所未有的定价权。所以 2000 年之后的伟大公司，基本上都是以用户驱动的公司，无论是 Facebook、Google、亚马逊，还是阿里巴巴和腾讯。Google 有一句非常有名的话："以用户为中心，其他一切将纷至沓来。"

所以现在出现了一个前所未有的变局，定价权、话语权从当年通用电气那样大的制造商，先是转移到了沃尔玛那样大的渠道，然后转移到了用户手中，用户拥有了更大的权力。

在这种变化趋势下，经济社会接下来将出现哪些态势？我们的第一个推论是，生产的 M2C（Manufacturers to Consumer）逻辑将会变成 C2M 逻辑。M2C 的逻辑，是制造商需要去猜用户想要什么，然后设计，最后通过渠道推给用户。今天的逻辑则是反推过来，用户提出需求、主宰需求，最后制造端来响应需求，我们把它叫 C2M，个性化也将成为标配。

第二个推论则是，"用户、股东、员工"三边博弈的重心，将会越来越向用户倾斜。在一本非常有前瞻性的书——《数字经济蓝图》中，合著的三位作者提到了一个非常鲜明的观点："信息就是力量。"今天这个力量，也就是定价权从制造商到渠道，又到用户。如果将用户的定价权推到极致，我们将会看到三位一体的新格局——用户将可能同时是你外部的员工，又是你的股东。

而这又将彻底改变原有公司的根本性的组织形式和架构。在原有的大架构中，股东和代理人之间通过激励机制，形成第一重博弈架构；员工通过付出劳动来交换企业利润，是第二重博弈机制；公司创造产品或服务，用户购买产品或者服务，双方形成第三重交易博弈。这几重博弈边界相对清晰，机制相对完善。

进入到三位一体的状态后，博弈会比现在更为复杂，同时边界会非常模糊。也就是说，传统的公司体系和框架将不再适应新的三位一体的博弈，新的博弈正在呼唤一个新的架构。

目前，我们唯一可以确定的是，在现有的商业体系中，因为激励黑匣子和激励粗粒度的问题，没有办法解决这个古老又磨人的三边博弈困境。现有商业体系通用的账本是结果导向型的，这个账本上记录了三个东西：资产、现金流、营收和利润。但它无法记录导致这个结果的整个过程，复式记账对内部员工的 ROI 和外部用户的 ROI 都没有完整的、连续的、精确的记录。

可以说，股东、员工、用户三边博弈的困境，在底层逻辑上就是受限于现有的账本体系。解铃还须系铃人，对账本的质疑还是需要回到账本本身。

Chapter Three

第三章
账本的革命

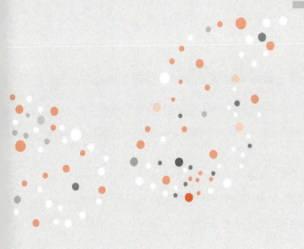

1995年2月，拥有220年历史的英国最古老的投资银行之一巴林银行（Barings）倒闭，原因是其在新加坡的期货交易员尼克·里森进行了违规的衍生品交易，并利用头号交易员和负责交易结算的双重身份将损失通过秘密账户进行掩盖，导致损失14亿美元。

2002年2月，爱尔兰联合银行表示，一名交易员约翰·拉斯纳克擅自从事外汇交易，造成总计6.91亿美元的损失。

2007年3月，法国兴业银行的新人交易员杰洛米·科维尔用公司资金对欧洲股指期货投下了做空的巨额筹码，并创设了虚假的对冲头寸，导致银行损失高达71亿美元，创造了流氓交易员致损的新纪录。

2019年5月，在我国A股上市的公司康美药业连续三年财务造假的实锤落下，300亿元账面资金不翼而飞，暴露其虚增货币资金的大坑，28万股民在重创中提出索赔。

历史在发展，时代在进步，这么多年过去了，为何有些账，还那么容易混？

第一节 复式记账的故事

300 年摸索厚积薄发

在意大利佛罗伦萨,圣洛伦佐教堂二层的回廊上,静立着一座有 500 年历史的图书馆,"Biblioteca Medicea Laurenzian"。与历经岁月沧桑 1600 余年的教堂母体相比,图书馆显得颇为青春。

它的设计者是文艺复兴时期领军人物米开朗基罗,它的投资者是来自美第奇家族的罗马教皇克莱门特七世,它的藏品涵盖超过 11000 册的手抄本和 4500 册的早期印刷书籍。

在这些珍贵的古代手稿中,有两套佛罗伦萨钱商记载的账簿,羊皮纸材质,43cm×28cm 见方,账簿中的账户均以客户的名字命名,记账的时间是 1211 年。

这两套普普通通的人名账户，下栏记钱商应付客户多少钱，也就是客户存在钱商那里的钱。上栏记钱商应收客户多少钱，也就是钱商借给客户的钱。这被后世称为"佛罗伦萨式单式簿记"，仅限于记录债权债务。

一般认为，这就是西方复式簿记最初的萌芽阶段，随后发展的"热那亚式复式簿记"，把记录对象进一步扩大到商品和现金；再到"威尼斯式复式簿记"，在记录债权债务和现金商品的同时，设立了"损益"账户和"资本"账户。至此，历时 300 年左右，这套"意大利式借贷记账法"在商业界和金融界被广泛应用。

有学者曾对 1397 年佛罗伦萨一家纺织公司的账本进行过整理。当时，工业革命还没有开始，复式记账的概念也尚未形成，佛罗伦萨这家企业的组织形式是什么？它跟早期浙江等沿海地区的组织形式几乎如出一辙——作坊制。

比如有客户要做一件羊毛大衣，佛罗伦萨的这家纺织公司最多会分成 26 道工序，每一道工序会都由一个手工业者负责，结束了之后再传到下一个工序，这是作坊之间的联盟形式，基本上没有机器的参与，全部都是靠手工来完成。

从成本会计的角度来说，当时的计算其实挺有意思，主要就是基于直接材料。比如作为原材料的 37 千克羊毛先给到第一家，在这个过程中的成本就是三项，一项是直接材料，一项是直接人工，还有一项是管理和协调的费用。

因此，这个账本的记录，从第一项到第十一项是直接材料，第十二项到第十五项是间接材料，第十六项到第十七项是管理费用。当时的管理费用非常少，一共加起来也就是总成本的 2.1%，所以主要的费用是在前面的直接材料和直接人工上。

这个账本已是一种经典的复式记账了，在复式记账这个概念出现之前，实践界早就对它不陌生了。

实践方出真知，但所有的现实摸索，也都需经由智者提炼精华，才能成为传世理论，进一步反哺、启迪和推动现实的发展。厚积薄发的一刻终于到来了。

1494 年 11 月 10 日，意大利人卢卡·帕乔利（Luca Pacioli, 1445—1517）出版了多年的心血结晶——《算术、几何、比及比例概要》（即《数学大全》），震动世人。其中一篇题为《计算与记录要论》的章节，成为世界会计理论研究的起点，也是近代经济理论研究方面的一个重要突破。

最重要的是，这位达·芬奇的好友、室友兼数学老师，在书中总结归纳了复式记账法，系统阐述了复式记账法的会计恒等式、财产清算方法、账目登记方法及试算平衡方法。借贷记账法也因为他所提出的"借""贷"符号而得名，也成为复式记账法的代称。这使得帕乔利对历史的影响丝毫不逊于达·芬奇。

600 年影响至深至远

当然了，复式记账并不是帕乔利的发明，至少在他梳理成册之前的 100 多年，意大利的商人们就已经开始采纳实施。但在关于复式簿记的 36 章论述中，帕乔利对复式记账进行了规范化与系统化构建，首次在全球范围内正式地把账本的底层逻辑和底层规则做了一个清晰的表达。作为理论化的记载者，系统化的整理者，帕乔利仍是当之无愧的近代会计学之父。

何况一切都刚刚好。文艺复兴早已冲破中世纪的阴霾，1492 年哥伦布刚刚发现了新大陆，科学、社会、文化领域在进行着全面而深刻的变革，裹挟着对地理大发现和更广泛贸易诉求的憧憬，历史的车轮也将古代会计顺势推进至近代会计，复式记账、精确化账本，从此在全球商业社会的发展中扮演着至关重要的角色。

为什么说复式记账至关重要？因为一个科学化的、能够精确定量、能够平衡的复式记账体系，是现代商业能够开展的一个基本标准，这是一个基础和起点。如果没有这套复杂记账的方式，其实我们今天很多的商业是无法展开，也无法规模化的。

在《算术、几何、比及比例概要》中，帕乔利这样写道："商人在记录生意往来时，在每一笔交易中应该以公元纪年作为时间，这样他们总能记着要遵从道德规范。"

道德规范是什么？在商业场景里面的道德规范又是什么？那就是契约精神。我们现在整个契约精神以及契约的逻辑和复式记账法之间有着非常紧密的关联，从某种意义上来说，这是一个制度化的起点。复式记账本质上来说就是我们现代商业能够规模化的起点，当然，它绝不是一个终点。

它的基本操作其实是很简单的：把一个公司所发生的一切业务都双重记录下来。比如一个商人卖了一桶葡萄酒，收入10块杜卡特金币，就在账簿的葡萄酒库存一栏中记下："－10杜卡特"，同时在账簿的现金一栏中记下："＋10杜卡特"。如果把所有业务往来都用这种方法双重记录下来，那么就可以随时建立起企业的结算来。

在意大利语中，天平一词叫作"BILANCIA"，由此衍生出全球商业社会通行的"结算"一词，Bilanz。一个企业的数字图表就像一座天平一样，左右有两个秤盘：右边的秤盘里放着企业的投入(负债)，左边的秤盘里放着钱的使用情况(资产)。两边的秤盘必须永远是平衡的。如果一方发生倾斜，那就是有人犯错误了。

复式记账法使商人能系统地了解他的业务情况，也可以更好地理解业务带来的结果。他们可以精确地计算出企业的赢利有多大，也可以和同道者一同分享现状、共同经营，让业务得到更大发展。这也方便了他们的借贷，可以事先计算出借贷对生意是否有利。

只不过，每次都要人为在账簿里画一只天平会很麻烦，所以人们就发明了一个简单的形式：写一个T字，T字一竖的左边就是资产，右边就是负债。就这样，复式记账从意大利发源，传播到整个欧洲，后来又走向全世界，构建起了现代商业整体发展的基础，也为现代商业发展做出了巨大的贡献。

时代发展日新月异，站在新时代潮头的人们回望过去，600

年不过弹指一挥间,但此间激烈的智慧碰撞、丰富的历史记录,是人类永无止境探索的写照。

当信任的构建者失信

如果说,所有的发展只受制于智慧之光,不受制于人性之弱,想必那就是梦一场。 因为历史的剧本并不总是温情脉脉,一如商人的账本也并不总是客观真实。

从历史深处走来的复式记账毫无疑问帮了很大的忙,包括构建了整个社会信任的基石。 但今天,我们也不得不坦承它正在面临特别大的挑战。 复式记账基本上记录了三个东西,第一、资产;第二、现金流,当然这个资产里面包括负债,就是各种各样的资产,现金的流动和流出;第三、营收和利润能力。 今天,人们去翻看任何一个账本,都会得出结论,现代的主要账本基本上就是这三大品类,你的资产负债、你的现金流动、你的营收和你最后的利润。 当然,里面有一些细节是不一样的。

但无论如何,复式记账都是一种结果记账法,并非过程记账法。 从经济学的角度出发,复式记账没有办法精准地计算外部 ROI 跟内部 ROI,导致了激励的不到位,导致了三边博弈的产生。而从社会学的角度出发，复式记账只告知终点，却不能体现路途，极易导致数据被人为篡改，进而导致社会诚信体系的坍塌。

我们仅以2019年5月间发生的几件事情为例，看看一连串的上市公司财务造假事件如何让资本市场内外的人们大跌眼镜。

2019年5月7日，A股上市公司*ST赫美发布了2018年年报。年报的开头就清清楚楚写着，公司三大高管——董事兼总经理、副总经理、财务总监同时声明："无法保证年报真实、准确、完整！"网友们呆了，惊呼"还有这种操作？"

5月12日晚间，康得投资集团董事长、上市公司康得新（*ST康得）的实际控制人钟某因涉嫌犯罪被警方采取刑事强制措施。此前，*ST康得发布的财报显示，公司货币资金余额为153.16亿元，其中122.10亿元为银行存款余额，存放于北京银行西单支行，而银行却说其账户余额为0，这让市场大为震惊。

根据康得新发布的"关于深交所关注函的回复"，上述情况缘起公司加入了股东——康得投资集团与北京银行西单支行签订的《现金管理合作协议》。银行可为该集团及成员单位提供账户资金集中，定向支付控制、内部资金计价、账户及凭证服务、资金证明等服务。

其中，"账户资金集中"功能包括，当子账户发生收款时，该账户资金实时向上归集并记账——当子账户发生收款时，该账户资金实时向上归集，子账户同时记录累计上存资金余额；当子账户发生付款时，自康得投资集团账户实时向下下拨资金完成支付，同时扣减该子账户上存资金余额。

账户余额按照零余额管理，即各子账户的资金全额归集到康得投资集团账户。账户实际余额指子账户实际存款余额，如采取此方式，根据前述0余额管理方式，子账户均会显示为0。因此就产生了一个概念：这122亿元便成了应计余额，而康得新的账户实际余额还是0。

此外，协议中的"定向支付控制"功能包括，允许账户办理资金收款和付款；"资金证明"则允许北京银行在不放大康得集团及各成员单位各账户实际存款的前提下，可为康得集团出具资金证明或相关存款证明文件。几个功能汇总到一起，构成了一个完整的康得新资金被"归集"，而外界轻易发现不了的"闭环"。

一方面，康得集团可以通过归集功能，把康得新股份公司的资金归集到指定账户上；另一方面，只要整个集团有足够资金，则康得新股份的日常资金收支仍然正常；其三，北京银行西单支行还会根据协议按照所谓"账实相符"原则，为股份公司出具资金证明。

作为一个上市公司，122亿元存款可以如此随意地被大股东划走，对这家公司的15万名投资者而言，实在是件太恐怖的事情了。在2003年央视春晚的小品《心病》中，范伟曾说过这么一句台词："大夫，我不想知道我是怎么来的，我只想知道我是怎么没的。"

这一个公司账本无法作答的问题，是康得新投资者关心的，也是另一家公司——白马股康美药业多达28万名的难兄难弟们所渴望知道的。因为，如果这是一场奇葩争霸赛，2019年5月夺魁的应该就是爆雷的康美药业。

2019年5月17日，这家A股昔日的医药类白马股被证监会认定财务报告造假。证监会发言人表示，康美药业披露的2016—2018年财务报告存在重大虚假，一是使用虚假银行单据虚增存款；二是通过伪造业务凭证进行收入造假；三是部分资金转入关联方账户买卖本公司股票。给康美药业定下虚增存款、收入造假、炒作自家股票这"三宗罪"的同时,证监会对其审计机构,正中珠江会计师事务所涉嫌未勤勉尽责也进行立案调查。

17天前,康美药业自揭其短,在2018年的年报公告中提及2017年年报中出现的会计差错,其中,300亿元资金不翼而飞。此外,该公司"自查"发现,在2018年之前,营业收入、营业成本、费用及款项收付方面存在账实不符的情况。

为什么在一个商业文明高度发达的社会里,会计学发展了几百年,监管也越来越严,还是会发生"一夜飞走300亿元"这样的情况?康美药业董事长解释为,内部控制不健全,财务制度不太合规。网友却调侃,这15个字的解释就顶300亿元,一个字20亿元呢!公司内控控制不了造假,那么外控怎么样?

据《华夏时报》援引一份机构研报显示的数据,A股151家上市公司的2018年年报被审计机构出具了"非标"意见,占上市公司总数的4.1%。其中,被出具"保留意见"的上市公司有69家,被出具"无法表示意见"有36家,"否定意见"有46家。这个数据比2016年和2017年的总和还要多。非标意见大幅增加,说明审计方在告诉投资者,某一个领域是有风险的,其中最严重的一个陈述是"无法表示意见"。这句话的意思,通俗一点解释就是说报表看不懂,注册会计师无法表示自己的意见,这样的财务报表基本上没有可信度。

在举世哗然中,我们不禁要这样感慨,当作为社会运行底层逻辑的账本都不再可信了,这是否既是对人性底线的拷问,又是对工具创新的渴求?

第二节 区块链的本质

新工具、新技术

新的工具已悄然而生。一开始,人们以为是互联网,互联网改变甚至颠覆了世界。自20世纪90年代以来,互联网给今日世界带来了极大的便利,使人类生活和行为都产生了巨大的改变,它的开放、透明极大地降低了我们搜索、协作和交换信息的成本,传递信息已变得非常便捷和通畅了。

但互联网仍然没有解决全部的问题,在真正的新革命到来之前,在人们传递有价值的资产时,依旧不得不采用十分低效的方法,无法实现高效率的价值交换。

因为任何涉及资产转移的系统,都需要一个账本去理顺其流通的过程,从而避免人们对自己持有的资产进行"双重支付"。在区块链技术和比特币出现之前,任何试图在互联网中实现上述目标的努力都碰到了一个不可逾越的困境：如果没有一个中心化的主体确认账本记录者的身份，那就会存在伪造网络身份来进行账本的造假行为，从而让自己的资产可以"双花"，这样势必导致网络中的账本真假难辨。

而区块链通过一系列技术的应用和激励机制的设计，让账本的记录者诚实记账，从而确保账本的真实性。从这点来看，区块链在本质上是一个去中心化的分布式账本数据库。

中本聪版本的第一版比特币的基础协议非常简单："通过盖时间戳，多方每 10 分钟共同记账、共同见证，就全网每 10 分钟的所有记录达成共识，每个合法的区块首尾相连，形成分布式的、一致同意的账本。"

如果从不同的技术角度来剖析，我们可以这样看待区块链：区块链是一种分布式的且只能往上添加内容的账本，它上面存储的交易记录都是由时序链接、可证明的签名及密码学来确保其安全性，这些交易记录会在由计算机节点组成的网络中进行复制，而由软件驱动的共识机制会持续地在上面添加新的记录。我们可以从其中的几个关键形容词来理解区块链：

分布式的

区块链整个网络中的数据存储在不同的网络节点上,当一个记账节点对账本进行了更新并证明其工作成果是可靠的,其他人就会即时将同样的更新放到自己的账本中。

比特币网络运营至今没有出现过运营故障,所以每个全账本的比特币区块链网络节点,都记录着比特币网络从诞生至今的所有交易。

只能往上面添加内容的账本

信息只能被添加,不能被移除,确保没人能够篡改账本记录。

它上面存储的交易记录都由时序链接

区块链上每一笔交易的细节都会通过一种特殊的密码学算法,生成一个由字母和数字构成的字符串,这个字符串就是哈希值(hash)。一种哈希算法能够将任意长度的原始数据转化成唯一一个固定长度的、由字母和数字构成的字符串,能够以数学的方法证明其底层信息的存在。任何拥有交易信息的人可以将其输入同样的哈希算法里,去确认最初生成哈希值的人必定拥有同样的数据。

哈希值对底层数据的更改是十分敏感的,如果有人试图修改已有的数据，其他节点会发现新生成的哈希值并不符合区块链上的相应记录，从而会拒绝这个修改。

如果某个矿工认可前一个区块的内容，他就会将自己生成的下一个区块链接到前一个区块上；如果矿工对前一个区块内容不满意，就会将自己生成的新区块链接到时间更早、他们又信任的区块上。

在任何矿工都没有累积到超过50%全网算力的情况下，数学概率会确保不诚实的少数矿工试图将新生成的区块添加到此前被拒绝的"孤儿块"时，就会很快落后于大多数持有的"最长链"，因此这个区块将很快被网络抛弃。

这个决策机制是比特币共识逻辑的基础，它是基于最长链的约定开展的。

由可证明的签名及密码学来确保其安全性

区块链使用的是非对称加密技术，用户会控制两把独立的、但在数学上相互关联的字符串（由数字和字母组成），即"秘钥"。其中一把是秘密的"私钥"，只有用户自己知道，而另一把是大家都知道的"公钥"，用户使用私钥对其公钥"签名"的动作，可以通过数学方法向其他人证明其对这个公钥的底层信息拥有所有权，然后就可以将其发送到另一个人的公钥上。

在比特币的系统中，一个人通过其公钥衍生出来的"地址",将货币发送给另外一个人。大家可以将私钥想象成用来管理钱财的"密码",而地址是一个"账户"。

由软件驱动的共识过程会持续地在上面添加新的记录

"共识"是区块链设计原理的关键词,共识机制其实就是如何让大多数人就更新达成一致。在比特币的网络中,大家的共识便是:在每一个区块周期内,参与工作量证明的胜出竞争节点可以获得该区块周期内的比特币奖励和网络的交易费用。

新账本、新逻辑

由上可见,虽然区块链的技术一直在不断发展,但它们的所有逻辑底层都是一致的:一个分布式的、不可篡改的账本。

这个账本其实就像大家的银行账户一样,你在某一个银行里面有多少钱,今天花了多少钱等,这些都是有记账的。同样,一笔比特币交易完成之后,比特币的区块链上就会记住购进购出多少比特币的流水,这些条目会在你的账户中被记下来。

而这个记录的过程在于多方参与。账本不是由一个人去记的，也不是由一个中心化机构去记的，而是分散在全球的任何一个网络节点。无论大家分散在世界的哪个角落，只要手头有一台电脑，就可以进入这个数据库，去验证交易情况。

2018年6月，在一次区块链主题沙龙上，作为嘉宾出席的蚂蚁金服技术实验室高级技术专家邓福喜曾用一个素材来形象地比喻区块链，这个素材是很多"70后""80后"们耳熟能详的一首歌，小虎队的《爱》。其中一句歌词是这样唱的："向天空大声地呼唤说声我爱你、向那流浪的白云说声我想你，让那天空听得见、让那白云看得见，谁也擦不掉我们许下的诺言……"

邓福喜认为这首歌简直是为区块链量身定做的：歌中出现的"天空""白云""星星"，可以理解成一个又一个的节点，当有人向它们喊出"我爱你"的时候，这些节点就默默地把账记录在数据库里了，然后大家都能看见。

记录下来之后，歌词里的"谁也擦不掉我们许下的诺言"，意思就是说，只要记下来以后，这就成为一个恒久不变的东西。如果这是一场告白，女生就会觉得特别安全，因为如果有一天这个男生反悔了，不承认自己说过这些话了，这个女生就可以在所谓的"天空""白云""星星"上找到他当初的表白，证明他的确说过这个事。

再举个例子，比特币究竟又是如何记账的？比如，某人给用户甲10个比特币，甲收到了10个比特币，这个记账的过程是透明的。因为基于区块链技术，这笔账是依靠系统里面的一个所谓的共识算法，大家一起来决定由某一个人记账。这样有一个好处，就是每次记账的人都不一样，这可以避免某人知道谁下一个记账，便去贿赂这个人做假账情况出现了。这样就会更加公平、公正。

那么为了保持这种公平公正，在比特币里就采取一种叫作竞争记账的方式，让大家都去抢记账的权力，抢到之后就可以获得记账奖励。邓福喜在这里又用了"打麻将"做了一个比喻。

我们姑且把"胡牌"理解成一种"获得记账权"，打麻将不就是不断地去摸牌打牌，最终胡牌的一个过程吗？四个"矿工"一组，最先从144个随机数字中，碰撞出一组牌，谁先胡了谁就赢了，获得收益，也获得记账权。

因为胡牌的过程是随机的，有可能与你打牌的策略有关，也有可能与你的运气有关，反正每个人都是凭本事来的。大家都认定这个结果，然后开始下一轮记账权。当然，和打麻将不同的是，这个随机的过程要比胡牌难度高得多。

如果打麻将算是解一元一次方程的话，那比特币挖矿可能就相当于一元一万次方程，其难度是呈指数级增长的。这种情况下，计算机高手就选择了另一种方式，不一点一点算，而是直接通过尝试的办法试出来，有点类似于暴力破解的感觉。通过不断去尝试，谁第一个解出来，谁就获得了记账权，也就是获得了记账奖励——比特币。

比特币和打麻将差不多

（图片来源：侠客岛）

有了这两个基础点，就不难理解为什么区块链可以作为一种账本被推广应用了。由于区块链最先被应用于数字货币——比特币，所以各方的开发设计者很容易想到运用或改造这种区块链技术就可以造出新的区块链应用。

其实早在 2010 年，中本聪就指出自己为什么在比特币初始代码版本 wallet.dat 中嵌入一种非常简单的脚本："我很多年前就已经在思考，是否可以让比特币支持多种交易类型，包括托管交易、债券合同、第三方仲裁、多重签名等。 如果比特币未来能够大规模发展，那么这些交易种类都将是我们未来想探索的，但在一开始设计时就应该考虑到这些交易，这样奖励才能够实现。"

这些超出数字货币的应用，最为知名的便是以太坊（Ethereum）。 其概念首次在 2013 年至 2014 年间由程序员布特林（Vitalik Buterin）受比特币启发后提出，大意为"下一代加密货币与去中心化应用平台"，在 2014 年通过 ICO 众筹开始得以发展。 作为一个开源的有智能合约功能的公共区块链平台，以太坊通过其专用加密货币以太币（Ether）提供去中心化的以太虚拟机（Ethereum Virtual Machine）来处理点对点合约。 以太坊包括一个内置的、图灵完备（Turing Complete）的脚本语言，允许通过被称为"智能合同"的机制，来为自己想实现的特性写代码。一个智能合同就像一个自动的代理，每当接收到一笔交易，智能合同就会运行特定的一段代码，这段代码能修改合同内部的数据存储或者发送交易，高级的合同甚至能修改自身的代码。

"如果我知道我将在何处死去，我将不去那个地方，这样我就可以得到永生。"这是著名投资人查理·芒格经常引用的一句名言，充满了反向思考的智慧。如果我们今天希望了解区块链作为账本所带来的分布式的、不可篡改的优势，那没有什么比"实践方能出真知"更好的选择了。

第三节 区块链的冲击

迈入账本 2.0 时代

虽然在当下,社会还是一边嘲笑会计的能力,一边认同账簿的重要性,因为人们深知,从昨日走来的今日世界,还深深依赖于复式记账法,其记录借贷双方的标准化系统是了解公司财务状况的必然途径。德国社会学家、经济学家桑巴特(Werner Sombart)曾说:"复式记账的诞生,其意义可以与伽利略和牛顿的发现齐名。"

复式记账法也的确有很强的影响力,作为现代商业社会的底层账本,不仅能够核算经营成本,还可以分化出利润和资本,保证了企业经营的持续性。很多研究资本主义历史的学者都同意桑巴特在 20 世纪早期的一个观点:"资本,作为一个类别,在复式记账出现以前是不存在的。"而会计领域的百年繁荣,也应归功于复式记账的发展,会计最基本的职责就是管理和评估公司的账户。

从较为清浅的角度来说，一旦区块链技术被广泛应用于会计行业，这最基本的职责将不再需要人来完成，从较为激昂的角度来说，这项技术不但对公司记录有深远影响，而且能定义公司的未来，当账簿不再需要公司和政府来维护，便可及时推动公司和政府改变对当前运作、未来期望的思考。

2018年5月，汇丰银行宣布利用区块链技术完成了全球首笔贸易融资。汇丰银行与荷兰国际集团（ING）合作，通过R3的分布式账本平台Corda，成功为美国食品和农业企业嘉吉集团（Cargill）一笔从阿根廷出口到马来西亚的大豆货物交易提供了信用证。

更早一点，在2016年9月，英国巴克莱银行就率先利用区块链技术完成了全球首笔出口贸易结算交易。该笔贸易金额为10万美元，借助区块链技术提供的记账和交易处理系统，结算仅用了不到4小时。

区块链技术，也就是分布式记账技术的崛起，一时间对具有9万亿美元规模的贸易金融行业构成了巨大冲击。媒体评价，区块链对传统商业领域的颠覆作用正在显现，同时在公司治理方面，区块链也将发挥作用，比如在财务和IPO防欺诈方面。

事实上，自2008年开始，区块链就开始提供不同的创新性解决方式。将去中心化概念成功融入点对点交易体系中的突破已是必然趋势。尤其是在过去十几年中，金融系统的掌控权集中在少数很容易倾向于"自私自利""中心化"的寡头手中，让追求共识和公平的人们在持续热情的激励下，以初创公司的身份和老牌巨头们战斗，继续发掘分布式账簿的潜力。

之前关于去中心化的尝试都失败了，因为没办法建立起一个可行的经济制度，包括最初的互联网也是一样。许多互联网协议都是由学界开发，并由非营利性组织维护。但当互联网走入千万家，大量资本涌入之时，事情就变得复杂许多。商业互联网使人们难以形成共识，而且开发者们都更偏好加入快速扩张的互联网公司。另一方面，也缺乏一种使人们接受新型协议的激励制度。

但与此同时，有越来越多人坚信，相比中心化记账方式，去中心化的记账系统一定更加值得信任，它们能带来根本性的变革，数学化记账的世界会远离人为的操纵。在一个中心化的系统中，人们不得不信任第三方（例如 Chase Bank）能够承担起中介的角色来担保转账的真实性和有效性。而在一个分布式系统中，第三方中介将被公钥密码系统和共识机制替代,用来保障转账的真实性和有效性。

复式记账法是一个以商业结果为记录主要内容的账本,商业运营的过程并无法记录,让公司对内部 ROI(投资回报率)、外部 ROI 的测度不精确,产生了激励的"黑匣子效应"和激励的粗颗粒度问题。

中心化的记账方式,还让各方的信任存在困境。 在内部,存在企业所有者与企业经营者因账目而引发的信任问题,于是经第三方机构认证的会计这个职位就诞生了。 之后,计算机技术的快速普及使会计行业走向了一个新的纪元,即会计电算化。 在外部,监管机构或者外部对公司的账本又存在不信任,所以又需要一个可信的事务所来进行审计,但事务所和公司是否会勾结做假账? 所以,传统账本很难解决各方对商业运营信任的问题。

真实、信任、激励,这些美好的词汇就像云遮雾绕的一座座神山,在深深吸引着攀登者们。 比特币在这方面又为大家指出了新的方向。

中本聪,身份不明的比特币发明者,同时也设计了被称为"加密货币经济模型"的制度。 矿工们在计算哈希值之后,可以获得比特币的奖励。 简单来说,他们每十分钟会参加一次摇奖，赢家会得到将数据写入新区块的权力和一些比特币。但这个奖励只会在十几次新摇奖结束后到账，所以要让这个系统正常运行以符合所有矿工的利益。

也有许多区块链项目开发了有自身特色的经济模型。总体理念是以去中心化的组织取代中心化的公司，通过通证——一种激励制度，使人们能够协作，把用户、项目方等各方面联系到一起，让每个人都能从企业中得到属于自己的一份，并分享项目带来的价值。

从账本演变的角度来看，区块链作为一个2.0版的、分布式共享的账本系统，有以下三个特点：

1. 可以无限增加的账本

按照设定的时间周期，区块链网络中的数据就会被包成一个数据区块，每个数据区块可以想象成这个大账本中的一页，每增加一个区块，账本就多了一页，这一页中记录着这个时间段内网络的所有信息。

2. 加密且有顺序的账本

每一个数据区块上都会用技术手段加上了一个时间戳，这仿佛是我们纸质合同上每一页盖上一个特定编号的印章；

一个个区块按时间戳顺序链接形成了一个总账本,这仿佛是我们装订好的合同上加盖了骑缝章。

3. 去中心化的账本

这样的一个大账本,会在极短的时间内同步到各个节点来存储。"胡萝卜加大棒"的机制设计保证了用户共同维护一套统一的账本,在记账的这一点上它是去中心化的。

一场激励模式的革命

可以说,区块链是账本演变史上最新的且具有高可行性的形态,我们之所以把它称为现代商业社会的账本2.0版,是因为它能够给我们带来三个根本性的改变,那是中心化记账时代无法企及的境地。

第一,解决多方信任的问题。 基于区块链的技术,复式记账法的中心化测度方式将由区块链的分布式所替代,而非连续性的方式也将改变为及时性的记录与反馈。

无论是企业的所有者和经营者之间,还是企业的外部与内部之间,一本不可篡改的账本,让各方共同记账,账本的不可篡改让彼此之间更容易相互信任。

同时，区块链不仅能够实现信息记录和转移的可信，也能让价值的记录和转移变得可信。如前所述，互联网很善于处理信息的分享，比如一首歌曲，我可以很轻易地发送一个副本给另外一个人，同时我们两个人都可以使用这个音乐；但如果我们要进行一笔货币的转移，则系统必须满足要在付款账户上真实地减去一些钱，在收款账户上真实地增加一些钱，才能完成支付过程，而这种转移则不得不需要一个第三方的背书，且这个数字的增减必须得到付款方和收款方的认可。

在中国，银联、网联、支付宝或者微信承担了在网络世界中为资产转移的可信度背书的功能，但这些数据价值的转移都是在一个需要人为介入的中心化的服务器中进行的，而人的"有限理论"和"机会主义行为"，往往会使整个系统变得不那么可信。

而区块链可以在没有第三方信用背书的情况下，实现每一个参与者手中都拥有一份完全相同的账本，一旦对账本进行修改，数据也将在几分钟甚至几秒钟内全部修改完毕，从而防止重复支付的产生，实现在网络中的价值转移。也正因为如此，区块链才被称为价值互联网。

第二，可以对多种有效行为进行激励。 传统的、完全以货币资本掌控的公司制度，被当前的经济证明会导致分配的失衡，特别是互联网平台经济，已成为虹吸社会资源的黑洞。资本借助平台，能使其利润倍增，扭曲了其资源配置功能，平台之外的人力资本、信用、数据等无法与资本分享产权。

在新经济时代，无法分享产权的传统雇佣制劳动关系面临瓦解，商业世界需要有利于互相信任、相互投资、共同受益的联盟关系。这样的联盟关系，能让员工及公司的利益在最大程度上保持一致，合伙人文化、股权激励等方式逐渐成为很多公司的选择，甚至成为互联网公司的标配。

统计数据显示，2017年全年，中国共有246家上市公司首次推出股权激励计划（指股票期权、限制性股票或两者复合工具），较2016年的125家增长了96.8%，创下自证监会2005年年底发布《上市公司股权激励管理办法（试行）》以来的历史新高。紧接着，2017年A股上市公司共披露405例（其中首次公告246例，多期公告159例）股权激励草案。从工具使用角度来看，2017年度首次公告的246家上市公司中，有210家使用限制性股票激励工具，占比高达85%；仅有21家上市公司使用股票期权激励工具，占比仅为9%；另外还有15家上市公司使用股票期权

＋限制性股票的复合工具，占比为6%。

"是时候重建雇主和员工的关系了。商业世界需要有利于互相信任、相互投资、共同受益的新雇佣关系框架。"Linkedin创始人里德·霍夫曼在《联盟》里提出这样的观点，最成功的硅谷企业之所以成功，是因为他们利用"联盟"来招聘、管理和留住才华横溢的开创型员工。联盟为公司及其员工指出了一条路，我们不能恢复终身雇佣制的旧模式，但我们能建立一种新型忠诚关系，它既承认经济现实，又允许公司和员工对彼此做出承诺。雇主需要告诉员工只要你让我们的公司更有价值，我们就会让你更有价值。员工需要告诉他们的老板，如果公司帮助我的事业发展壮大，我就会帮公司发展壮大。

在联盟中，管理者可以开诚布公地谈论公司愿意为员工进行的投资和公司期望的回报。员工可以开诚布公地谈论他寻求的发展态势，他通过努力可以为公司创造价值，双方都有了明确的预期。当一家公司及其管理者和员工采取这种方式时，各方都可以专注于中长期收益的最大化，为所有人创造更大的蛋糕。

区块链可以从技术手段上将组织发展所需要的行为和激励生成一个可自动执行的智能合约，然后通过区块链的方式进行部署，从而过渡到分布式的激励，并且整个过程是透明且不可篡改的。这意味着，原来的激励是一个黑匣子，现在则一目了然，基于区块链的账本，能够实现精确的测量与激励，能够把行为跟结果进行直接关联。

第三，对内/外 ROI 进行精确计算。如果每一个行为的数据都可以被追踪，每个员工都可以看到自己的行为及结果。当员工和用户在一个商业组织中的每一个行为都可精确化，而且可以精确计量、实时性计量，那么也就实现了对内部和外部的回报率进行精确计算，解决了我们前面所说的两个瓶颈（激励"黑匣子"和激励的粗颗粒度问题）。

通过区块链的底层技术，这些特征都能结合在一起，每一个行为都可以跟你的权益相关联，每一个行为都可以被捕捉、被测度、被记录，最终被激励，实现从行为到结果的无缝连接。区块链让行为的产生，到这个行为的最终被激励，形成一个完整的全通道连接。

沉舟侧畔千帆过，病树前头万木春。这就是一种新陈代谢的自然规律。没落的事物，就由它没落吧，记住它曾有的光芒就好；新生的事物，就让它取代吧，发挥它正确的力量就好。当然，任何发展中的新技术都有瓶颈，我们只是确定了某些场景，区块链可能突破我们原有账本1.0的困境，绘出"千帆竞发、万木争春"的新图景。

账本2.0：激励模式革命

（图片来源：Kindle + 数字化激励研究院）

Chapter Four

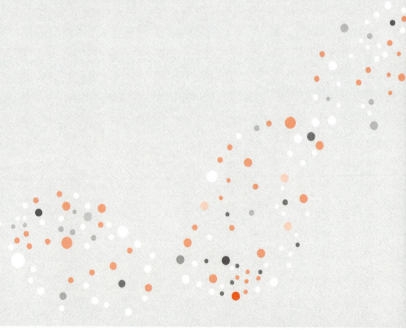

第四章
边界的消亡

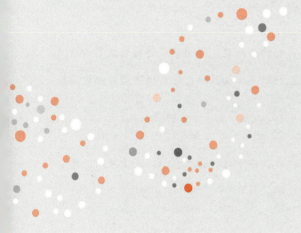

在自然界，在我们生存的地球上，凡板块与板块间的交界处，由于板块的相互作用，易形成海沟或造山带。这在地理学科中被称为消亡边界，又叫作汇聚型边界，因为既有消亡，又相互汇聚。

在企业界，在公司制的天地里，也上演着这样的边界消亡与汇聚。传统企业的边界正在瓦解，互联网重塑着组织关系，新一代的人们追求价值也渴望自由。有人说，如果19世纪属于帝国，20世纪属于大公司，那么21世纪必然属于个人。从今往后，边界之说在于人心，在于技术，更在于机制，在于选择。

第一节 公司和用户的三阶段关系

被忽略的欺诈

谢菲尔德（Sheffield）位于英国中心的南约克郡，从伦敦坐火车过去大概两个多小时车程，它曾因钢铁制造业而闻名，被英国人称为"钢铁之城"。但在足球迷们的眼中，这是一块历史的圣地，因为在这里诞生了世界上最古老的足球俱乐部——谢菲尔德联足球俱乐部。

19世纪五六十年代，会员制俱乐部在英国各个行业开始流行。如今在伦敦的会员制俱乐部 The Arts Club，由大文豪狄更斯等牵头成立。作为英国现存历史最久的会员制俱乐部之一，The Arts Club 既是文艺中心，又是顶级社交场所。

俱乐部、会员制的流行，在英国和欧洲大陆是有其历史根基的。早在15世纪，封建时代的贵族们不屑与平民阶层平起平坐，便组织了各种类型的封闭式俱乐部。其会员，代表了一种荣誉和身份，同时也可以享受俱乐部的特殊优惠待遇，获得一个具有阶层归属感的社会空间。

时移世易，工业革命兴起，阶层剧变了，战争爆发了，贵族没落了。俱乐部的形式依旧还在，但会员制所体现的网罗固定客户的特性很快就被精明的商家引入了商业竞争。现代意义的会员卡制度开始出现，作为双生子的积分激励制度也面世，从此，更广泛的社会阶层被裹挟其间。

传统平台：留下用户的钱

（案例1. 传统零售的会员制度——"沃尔玛"）

20世纪90年代，伴随着互联网的出现，会员卡制度开始受到网络公司的青睐。1996年7月亚马逊集团发起了一个"联合"行动，其基本形式是，当一个网站注册为亚马逊的会员后，在自己的网站放置各类产品或广告的链接，以及亚马逊提供的商品搜索功能栏，当该网站的访问者点击这些链接进入亚马逊网站并购买某些商品之后，根据消费额的多少，亚马逊会付给这些网站一定比例的佣金。亚马逊的巨大成功，使会员制度得到了空前的发展和广泛传播。

中国人对这一新鲜玩法的认知,则是从会员制最风行的传统零售业开始的。也是在 1996 年,沃尔玛在中国的第一家会员店——深圳山姆会员店开业;吉之岛在广州开设了第一家购物超市;还有其他众多外资零售巨头,如普尔斯马特等。

从柜台式、店铺式到超级自选市场、连锁商店和仓储式商店,会员制度就这样被带入了中国。商家传播着 VIP 会员卡这一仪式感的同时,也顺带玩起了与之相匹配的积分体系。我们就以最典型、最传统的零售会员制度——"沃尔玛"开始讲起。

早期,由于商品种类和数量相对较少,以及人们的消费水平限制,公司往往提供给客户的服务仅限于"促进购买"。作为消费者,对零售企业的唯一诉求,就是能以最低成本满足消费需求。于是,像沃尔玛这样的企业看准了这一心理,在线下商场推出大量的折扣优惠策略,并设有会员积分制度。

沃尔玛作为著名的零售业品牌,以物美价廉、种类繁多的一站式购物而闻名。在低于其他零售商的定价策略下,依旧能保证商品的品质与质量,由此实现沃尔玛销售业绩的与日增长。

作为传统零售业的领军者,沃尔玛同样拥有一系列会员积分制度。传统的会员积分制度即为:积分仅限于兑换特定商品;用户产生相应的消费行为就可以获得一定积分;积分达到一定数量即可升级,高等级会员卡拥有更多的商品兑换的选择;积分到特定时间就会清零。

这种传统零售的销售策略和积分制度抓住了价格变动与用户真正需求的数学关系，利用其对用户价格敏感度与消费心理的精准把握，快速占领了用户的心智。

从优势上来看，会员制度和积分体系的好处是可以让用户在购物时享受到价格优惠；同时迎合消费者心理，刺激消费者的购买意愿，扩大商品销售，有助于圈定消费者，稳定顾客群；公司可以借此建立良好的客情关系，在市场上占有主动权；在从众心理下，消费者于无形中帮助公司塑造了口碑，起到了免费宣传的作用。

然而，揭开这层层曼妙的外衣，我们不难发现这种会员积分制度是高度中心化的，看似与用户的消费行为正相关，实际上公司与用户之间的黏性很低。尤其是市场上山头林立，不再只是寡头垄断，一旦用户有了更好的选择，由于品牌忠诚度不高，低价策略和单一的积分制度便会被抛之脑后。

新零售平台：留住用户的心

（案例2. 高质量跨领域积分制平台——"茑屋书店"）

用户为王，会员制、积分制的核心要义都在于吸引新顾客，留住回头客。随着消费者购买力的提升，以及经济的飞速发展，公司开始重新审视用户的真实需求：在商品充足、选择众多的时代，到底怎样才能留住用户的心？当代人对商品的态度从满足生活基本需求，开始向提升生活品质与便利过渡，他们更多地想获得真实有效的权益和便捷的用户体验。

另一美国零售业巨头"塔吉特"（Target）的一番真实遭遇或可解释为来自公司层面的一种"用心"。2002年，安德鲁刚开始在塔吉特超市做数据统计员的工作。有一天，市场部的两个同事跑来问了他一个奇怪的问题："假如在没有任何交谈或询问的情况下，怎样才能估计出一位孕妇将要生产，你能办得到吗？"

10年后的某一天，一个男人冲进一家位于明尼苏达州阿波利斯市郊的塔吉特超市兴师问罪：为什么超市不停地向他的高中生女儿邮寄婴儿尿布样品和配方奶粉的折扣券？"你们是在鼓励她怀孕吗？"愤怒的父亲这样质问超市经理。几天过后，超市经理打电话向这位父亲致歉，这位父亲的语气变得平和起来，他反过来道歉说，他的女儿确实怀孕了。

这则新闻案例，当然可以作为大数据时代辩论的素材，而从营销视角来看，商家对于用户的争夺，对于品牌忠诚度的培养，已经把起跑线提前到不能再提前的地步了：一切以用户需求为出发点。

已经有的需求要被满足，待开发的需求要被挖掘，尚未明确的需求要被引领，不再是简简单单地提出"以顾客为上帝"的口号，而是一场全新的、公司和用户携手参与共同价值体打造的新革命!

1983年,正值日本消费升级的高潮时刻。32岁的增田宗昭在大阪旁边的一个小城市枚方市开设了第一家小书店。四年前,傅高义出版了《日本第一》一书,日本本土的文化消费意识全面苏醒。到今天,面对日本每年有300多家书店面临倒闭的现状,茑屋书店不仅活了下来,营业额还超过了纪伊国屋、淳久堂等大型书店,拥有1400多家店铺,成为日本规模最大的图书和DVD租赁连锁店。

在茑屋成长史上,有两个标志性事件。近一点的2011年,增田宗昭在东京涩谷区开设"代官山·茑屋书店",创造性地营造出一个全新的复合型文化空间,它被评为"全世界最美的二十家书店"之一,访客如织。远一点的2003年,增田宗昭推出跨业种通用积分服务"T积分",将书店的高质用户作为一种资源,与众多百货中心、超市实现链接,构成全日本最大的零售用户群体。

茑屋书店的母公司,被增田宗昭取名为CCC(Culture Convenience Club)的公司。创始人的初心一目了然,文化和便利之间一向背道而驰,CCC的目标便是把二者融合起来。

到了2014年,茑屋书店的母公司CCC分别拥有几项业务:"TSUTAYA"生活方式提案企划和超过1400家的TSUTAYA直营门店,娱乐事业相关的Culture Entertainment,CCC Marketing

的数据库管理营销和为商业设施、图书馆、餐厅等场所提供策划运营服务的生活方式提案平台 CCC Design Company。

当人们沉醉于茑屋书店的设计与体验，背后的力量则是 CCC 一番看不见的新商业逻辑。1400 家茑屋书店的 6000 万张 T-CARD——这才是 CCC 集团的重要资产。在这个被称作"T-CARD"的体系里，会员人数已超过 6000 万，月活跃人数超过 5000 万，持卡人数超过日本总人口 50%，年轻人中 80% 持有 T 卡，会员构成从 0 岁到 90 岁，它打破了诚品书店曾经推崇的生活馆的经营理念，也正式结束了诚品书店在亚洲的神话，缔造了属于自己的新传奇。

因为，茑屋书店敏锐地捕捉到了用户的需求，在优化书店、图书馆、商业设施和家电四个平台的商业综合体带给用户更舒适、更高品质体验的同时，创造性地运用 T 积分制度。这不仅可用于对茑屋书店的用户进行激励与用户留存，还实现了跨平台、跨领域的使用。

在日本，积分文化很流行，发行自己的积分卡，等于发行自己的日元。T-CARD 就是这样一种可以在任何地方使用的积分卡，不管是在书店还是便利店，或是任何音像制品店。CCC 集团正在利用这一模式打造一个数据库，以及一个共通的货币——站在顾客的角度，做任何地方通用的积分卡。

T 积分与传统积分最大的区别是，它不仅仅是用户消费的一种累积,更是企业足以捕捉用户真实需求的数据。茑屋书店通过 T-CARD 提供的精准用户画像,运用大数据技术,为用户提供用户满意度更高、涵盖领域更全面的优质服务。通过心智占领而提高复购,实现 10 倍级用户数量的扩容。T-CARD 体系让茑屋书店的获利从贩卖商品升级为经营用户数据,之后再将数据反哺于内容供应,创造出更适合消费者需求的内容。

同时,T-CARD 也为其联盟企业提供了一批有价值、可留存的用户,用户可以在 T 积分体系内将其视为自己的通用货币,无论是各领域、多样式的积分活动,还是信用卡服务和租赁服务,都可以广泛通用于生活中的方方面面,企业与用户的关系将变得更加紧密。

在这样一个高质量跨领域的积分制平台上,制度突破了单一的自有积分体系,搭建了一套覆盖全日本的消费联盟,用户对积分的感知度明显上升,并且能够让他们确实地体会到这些数字与自己的切实体验息息相关。

新经济平台:尊重用户的权

(案例 3. 注意力经济下的积分变现——"趣头条")

随着互联网发展以及移动设备的广泛应用,在当今信息大爆炸的时代背景下,现有的经济重心向注意力经济开始转型,人们的注意力被企业视若珍宝,流量也成为企业品牌传播与留存客户的必要指标。作为企业，不仅需要给用户带来精准的服务体验，还要在"乱花渐欲迷人眼"的繁多选择中脱颖而出。

2018年9月14日，成立仅仅两年零三个月的"趣头条"在美国纳斯达克上市。这个被称为"媒体界拼多多"的公司，上市速度比拼多多还快了7个月。

作为一款基于金币激励和社交裂变的内容产品，"趣头条"通过社交软件中分享给好友而获得奖励来实现用户增长，这被称之为"收徒式营销"。"趣头条"将积分制度在这一背景下进行了革新，不再拘泥于一串仅限兑换指定商品与服务的数字，而是通过对用户的所有有效行为进行奖励，如注册、签到、阅读文章、评论和分享等，奖励以金币积分的形式累积，可以直接变现，让用户可以即时地获得利益。

现如今，人们的消费活动十分便捷，不再受空间与时间的约束，因此用户需求变得更加直接。"趣头条"精准地运用社交流量寻找到定位用户，利用"现金补贴"的模式在短时间内就俘获了大量用户的心，从而达到企业的营销目的。基于其庞大的流量，越来越多的企业愿意在"趣头条"上投放广告以提高转化率，实现了企业与用户的利益共享。

比如，"趣头条"这套行之有效的社交机制在获客机制上，设计了一套针对用户的奖励机制，在招股说明书里称为"用户忠诚度计划"，类似于发红包，但在这个机制里，拉新和留存同样也有奖励，甚至是一个长期的奖励机制。比如你在 App 上看新闻，看完一条，时长、评论、分享、邀请好友等行为都有金币的奖励。重点还在于你分享出去后，如果有人通过你的分享路径完成注册，那么那个人每天阅读和相关的动作，还会使你获得相应的金币。金币是可以兑换成人民币提现的，一下载注册"趣头条"的 App，账户里就有 1 元了人民币，可以提现。这对用户来说是一个定心丸。要知道，其他的资讯平台，如今日头条、腾讯新闻、新浪新闻等，平台内容生产者可能水平相当，对于读者而言在哪里看内容没有什么区别，但在"趣头条"看内容的同时还能赚到钱，这个吸引力度就大不一样了。

对于用户而言，这种积分制度较传统而言并没有复杂的限制条件，也不再是仅限于兑换一个可能永远用不上的商品或是并不需要的服务，而是极为精准地触达用户的真正利益——变现。纵然，这种模式尚无法解决用户品牌忠诚度不高的问题，无法保障持续性的问题，但不可否认的是，"趣头条"改变了企业与用户的关系，直接使用"即时变现"提升用户留存率，由此实现了企业的快速发展。

目前最新数据显示，"趣头条"2019 年 Q1 的月活用户平均为 1.114 亿人次，营收 11.18 亿元，持续维持平稳增长。与此同时，在凭借"积分赚钱"模式崛起后，"趣头条"又矛头一转，积极加码内容生态建设，增加了新的生态场景与商业模式选择，比如推出"放心看计划""快车道计划"等，加速对内容质量的约束以及内容生态规模的扩大。米读小说就是个鲜明代表。财报显示，截至 2018 年年末，米读平均日活突破 500 万，在网文阅读行业排名第三。

关于"趣头条"的发展模式与路径争议，从它成立以来便从未停止过，但其独创的游戏化积分模式，在新兴市场中开疆拓土并不断将这个模式打磨到极致的打法，让人耳目一新，成为国内互联网用户增长的教科书级别案例。

可以说，随着时代的变迁与发展，传统零售向新零售的转型，公司与用户之间的关系也经历了许多变革。从单一的折扣优惠、积分兑换商品，到跨领域的积分消费，再到注意力经济时代的即时"返现"，公司与用户从简单的供给关系，进一步发展成为真正的利益共享。

第二节 区块链时代的关系

当商业世界越来越往宽处发展，一个重要的改变就是选择的多样化。企业可以选择更多的商业模式、商业渠道、组织形式，用户理论上也可以选择更多的企业。在互联网"+"上我们这个世界之前，企业占据着绝对的主导权，但在我们这个世界"+"上互联网之后，整个商业的主导地位却明显转移到了用户手里。

有一则笑话很有趣：某个地区住的都是富人，富裕到街上连乞丐都没有，这让富人的善心无处释放，于是富人们从远处招来了一个乞丐专门施舍于他。最初，这个乞丐还对施舍的富人鞠躬致谢，久而久之，乞丐变得非常骄横，甚至对施舍的富人爱答不理。有人看不过去了，提醒乞丐应该对富人心存感恩，谁知乞丐却说："正是因为有我在这里，他们才有施舍的对象,要是我不高兴明天回去了,看这群富人施舍谁去!"结果第二天,这群富人又找来了一个乞丐,这个骄横的乞丐当天就"失业"了。

如果我们把"企业"和"用户"进行代入,企业和用户之间的关系,就如同笑话里的乞丐和富人,用户需要企业来满足自己的需求,企业也需要用户产生利润。那么传统商业在互联网时代的转型问题就来了,乞丐比比皆是,但他们的认识却依然停留在认为富人没有他们就无法施舍的观念中。

新的环境、新的技术、新的逻辑改变了不同时代的商业关系,也改变着不同时代的商业玩法,与之相匹配的因或果,都呼唤着新的观念、新的架构、新的生态出现。

裂变下的新生态

像趣头条那样,将广告费用直接补贴给用户,这种思路已经逐渐成为商业模式的新趋势。敏感的人群会马上察觉到,这有点类似于区块链挖矿的逻辑,用户行为即挖矿,可产生裂变,有用户行为就有付出,有付出就应该有收益。

无论是拼多多、趣头条,还是引发万众瞩目的瑞幸咖啡,都来自于社交新零售的增长逻辑——社交裂变驱动增长、激发用户主动传播、无缝对接社交网络、让主动传播的用户直接获益、将广告费用直接发给用户、用一切技术手段降低运营成本但不会降低产品质量。如此种种，但凡了解区块链的人都明白，话已至此，将必然会出现一个新的概念，那就是"区块链"，区块链符合社交裂变中所有的逻辑。

角色关系也在裂变。账本2.0时代，在股东、用户、员工之间的三边博弈下，这三边的边界都将被打开，股东、用户、员工的角色将会交叉，最终三边博弈将成为三位一体。我们来看一个纯正区块链项目的玩法。

先分享一下基本理念：项目方首先用通证（Token）向认可自己产品理念的用户来筹集早期的启动资金，甚至通过Github平台开放让用户来参与产品开发。这个时候，潜在的用户可以是股东，也可以是员工。

项目上线后，早期众筹的"股东"转正为真正的用户。产品上线后，用户在使用过程中会因使用产品而获得Token奖励，用户成为股东。用户为了让自己的Token变得更有价值，会主动传播产品，仿佛一家公司员工要做的工作一样。所以，在区块链的项目中，股东、员工、用户显然可以是同一个人。

再来看一个具体项目：CotentBox。这是一个诞生于美国硅谷的区块链数字内容平台，发起方是 CastBox，创始人是北京大学心理学系毕业的王小雨。CastBox 是全球最受欢迎的音频平台之一，拥有业界领先的音频搜索系统，支持超过 70 种语言的应用，在 175 个国家拥有近 2000 万名用户及超过 5000 万条音频内容。在美国音频圈子里，CastBox 几乎是家喻户晓；在韩国，Castbox 曾在 Googleplay 总榜的排行中位列第三；在瑞典，用户每天使用 Castbox 的时长大约维持在两小时，相比其他国家大约多出 20 分钟。

我们倒转一下时光，先看看在这一切发生之前，在 Castbox 为代表的数字内容行业，存在着几个明显的用户痛点：

1. 在传统的中心化数字内容平台上，内容创作者往往处于弱势地位，不仅获利甚微，还需支付繁冗的平台费用。

2. 内容消费者作为平台的重要参与者，在无意中付出了许多至关重要的服务，如分享将为平台带来更多曝光度和流量、提高平台内部互动率等，但这些却从未获得经济回报。

3. 平台方陷入版权恶性竞争，却没有真正把注意力聚焦在产品和用户体验的提升上。

怎么来解决这些问题呢？ContentBox 提出了一个整合多方安全的支付系统、统一身份认证系统和中小企业一站式内容管理解决方案。在 ContentBox 打造的生态系统中，内容创作者、消费者、广告商、分发商和应用开发者等内容产业利益相关者，可以在公平开放的数字内容平台上进行创作、参与、合作和创新，并且从中获益。

- 对于内容创作者，ContentBox 能够确保他们可以从每一次创作内容被消费时获得收益，激励他们创作出更优质的内容；同时通过简化和自动化业务交易，建立创作者和消费者的直接联系，避免中间商侵占内容创作者的收入。
- 对于消费者，他们可以通过在 ContentBox 社区中的个人贡献获得通证奖励，个人贡献即对平台有价值，包括但不限于对内容的分享、评论、投票等。当在平台中持有一定数量的奖励后，消费者更愿意为了提升价值而产生一系列推广宣传的自主行为。
- 对于广告商，ContentBox 可以为广告客户提供智能合约，自动实现广告统计分类账，并通过实际的广告收视率进行支付，而不是依赖分销商报告的不透明的统计数据。开放的、真实安全的分类账可以帮助他们制定统一的营销策略。

举个例子，在这个平台上，我们可以有这样的构想：当一个网络自媒体大 V 找不到愿意资助他们的创意项目的途径时，可以通过 ContentBox 向自己的粉丝募集"资金"。当然，这里的"资金"是要打引号的，它募集的是 Box，它可以视为 Contentbox 生态中的通用 Token。作为对自己发行 Token 的价值背书，这位自媒体大 V 可以赋予 Token 持有者某些权益，比如可以以优惠价格购得自己未来的某个数字化产品，可以作为线下活动的门票，甚至可以分享大 V 身价提高或项目盈利后的利润分红。区块链智能合约的加持，让参与众筹的粉丝不用担心大 V 的反悔，因为一旦大 V 的作品在网络中获得收益，相应的利润分配就会按照既定的规则自动执行。

同样地，作为参与该项目早期众筹的"股东"，用户又可以回归到"社区用户"原本的职能上，在项目进行的过程中，通过个人对社区或项目的贡献获得奖赏，贡献内容包括分享、评论、投票或举报垃圾信息等。

为了使得手中持有的项目相关 Token 能够有更多人持有，以增加其价值，用户会向身边好友或社群中推荐和宣传所参与的这个项目，这也是一种十分有效的项目传播和营销手段；用户释放核心价值，职能与员工相同，都是为了推动项目的健康发展，实现利益增长。

作为一个去中心化数字内容平台，ContentBox 让员工、用户、股东三位一体的场景真实发生了。它使得传统意义上的公司界限变得模糊，股东、用户、员工的角色变得更加统一，更能够促进内容产业利益相关者快速成长。而正是因为他们的紧密联系，ContentBox 也实现了进一步的发展。

按照其创始人的雄心，未来，Content Box 将挑战的就是 Netflix/YouTube 等中心化内容巨头，为未来的数字产业构建一个以区块链为底层设计的社区生态。

传统里的新灵感

玩法不局限于在线上。那么，区块链项目中的股东、用户、员工从博弈的三方向三位一体转变的发展范式，给传统公司制带来的启发是什么？对于传统制造业领域有无灵感触发呢？答案是有的。

2019 年 1 月 24 日，"网红汽车公司"蔚来宣布其创始人、董事长兼 CEO 李斌转让了其名下的 5000 万股股份（含 189253 股 A 类股票和 49810747 股 C 类股票）用于成立蔚来用户信托。按照北京时间当日的蔚来股价，这笔信托的价值高达约 3.28 亿美元。根据规划，李斌依旧保留所转让股份的投票权,但蔚来用户则有机会共同商议如何更好地使用这些股份的经济收益。作为创始人的李斌,曾在 2018 年 9 月份蔚来 IPO 招股书中立下的"诺言",这一刻终于变成了现实。

蔚来是一家提供高性能的智能电动汽车与极致用户体验的初创汽车品牌。自成立以来,获得了淡马锡、百度资本、红杉、厚朴、联想集团等数十家知名机构的投资,汇聚了数千名世界顶级的汽车、软件和用户体验行业的人才。2018 年 9 月 12 日,蔚来汽车在美国纽约证券交易所成功上市。

按照蔚来的愿景和规划,该公司的目标是成为一家"用户企业",蔚来的每一届"用户年会"就以一种独特的场景存在。从成立之初,从"和用户交朋友"这个方向性的概念,到后来"用户企业"这个明确的价值观,"以用户为中心"这个定位在蔚来与用户来来回回的互动中逐渐成型。最直接的表现是一年一度的蔚来日 NIO Day 和蔚来打造的一个专属用户的社区,该社区创造性地引入了"蔚来值"这一概念,用于计算用户在蔚来社区的互动值和贡献值,单位为 N。

大部分接触过蔚来的人都知道蔚来 App。作为一个社区,用户可以在蔚来 App 里进行社交，而其中的绝大部分内容还是关于蔚来和产品本身的。用户可以通过参与社区互动、购车或推荐好友购车、驾驶蔚来汽车、建议反馈等获得一定数值的"蔚来值"，用于取得社区投票权或获得热门活动的参与资格，这极大地提高了用户忠诚度和认可度。

相较于其他汽车品牌，蔚来通过打造社区 App、组织线下活动、构建直销模式、建设用户中心、组建能源与车辆服务团队等方式，与用户做到了强关联。此外，蔚来还通过电池升级计划、换电网络等方式，力图持续提升用户的纯电动汽车使用体验。此前，用自己的巨额股票建立用户信托，最终被李斌作为"大招"而放出。

李斌也曾在多个场合表示，蔚来的核心竞争力之一是以用户为中心的独特商业模式，它让整个蔚来社区紧密相连。于是，李斌作为大股东做出了一个承诺，拥有蔚来汽车的这批用户最终将得到李斌个人股份中间切出来的一部分蔚来的股票。李斌此番转让了其名下的 5000 万股蔚来股票，相当于自己持有股份的三分之一。蔚来用户将有机会通过信托决定股份收益的分配方式，加深了蔚来与用户之间的信任关系。从某种意义上说，也就意味着你买了这个车，同时你成为蔚来的股东，将享受它的增长空间和溢价。

对于蔚来用户信托的使用方式，也极有可能围绕"蔚来值"体系展开。该体系用以记录每一位用户对蔚来社区的贡献，体现用户在蔚来社区中获得的成长。具体来看，用户可以通过产品购买、用户发展、效率提升、社区推广、特殊贡献等方式提高自己的蔚来值和等级，提升自己的积分奖励加成。

2019年3月，李斌在蔚来社区中招募用户加入信托规则起草小组，共同制定用户信托的基本规则，以明确蔚来用户信托的长远目标与使命，以及5000万股蔚来股票的管理方式。招募要求如下：

1）蔚来值高于1200N。

2）具备一定的专业履职能力：法律、金融、财务、公益相关专业背景者优先。

3）2019年4～5月，抽出个人业余时间进行不少于2～3次的集中会议，以纯志愿形式参与讨论。具体根据项目进展而定。

在电动汽车领域，业界翘楚是特斯拉。在蔚来与特斯拉的对标中，如果它找不到裂变方式去撬动用户，那它基本上没有胜算。而如果这么做的话，至少还会有一个取胜的概率。在整个过程中，蔚来没有主动提及用到了区块链的概念,但这个承诺背后的逻辑,就是区块链思维。 同在电动汽车领域,蔚来汽车如何对标头部企业特斯拉,形成自己的独有优势,就从这样一个革新的公司与用户的关系上,迈出了十分有意义的一步。

蔚来这样的模式不仅局限于电动汽车行业,同样值得更多渴望实现改变与发展的企业借鉴。 如何借助区块链的力量,快速实现公司、员工、用户三者关系的真正革新与统一,深入推动三位一体的新型组织关系,还有很多有志者正奔袭在这条通往光明的道路上。 比如我们马上要看到的这一新的尝试,它的名字是数字化激励 kindle＋。

第三节 数字化激励 Kindle+ 与稳定币 Libra

数字化激励 Kindle +

在这里,我们首先要和大家分享一个案例,正是我们中欧创业营学员的产品——全球第一个利用区块链技术助力企业进行数字化激励转型的产品:Kindle +。

Kindle + 是达瓴智库发起的"2019 全球区块链创新 50 强"产业应用获奖项目,无论是给公司核心管理层股权激励,给基层员工制定有效的 KPI,还是为用户设定营销奖励,都可以通过 Kindle + 系统完成。 这套系统的目的,就是帮助企业优化管理效率,提升内部员工和外部用户的 ROI。

在技术底层,Kindle + 提供智能合约创建、钱包、权益交易系统等一系列的底层基础设施;在应用端,Kindle + 团队提供区块链虚拟股 SaaS、游戏化绩点制管理两个标准化产品和定制化服务方案。

区块链虚拟股 SaaS 激励支持公司在线完成股权激励方案的创建、授予、签约、行权，员工可查看虚拟股账户、完成行权、交易等操作，让股权激励数字化、可视化、可流通；游戏化绩点制管理激励支持公司自定义激励行为及对应奖励规则，该规则部署至区块链网络，员工完成某行为，即可通过系统获得对应奖励。配合系统自带的钱包及交易所功能，实现奖励的自由流动。更重要的是，整个过程都能做到让行为激励即时、透明、游戏化。

案例 1　传统服装业

我们来看 Kindle + 团队服务的一个知名品牌服装企业的案例，了解它是如何借由 Kindle +，通过对内部原有激励制度进行调整与设计，一步步实现数字化激励管理的。

雅戈尔是一家拥有 40 年历史的成熟企业，是以品牌服装、地产开发、金融投资三大板块为主的多元并进的、成长中的国际化时尚集团。这样一家企业，对传统企业的激励制度当然驾轻就熟，然而，随着时代的变迁，在品牌服装行业竞争愈加激烈的新环境下，对门店销售人员 FA（客户时尚顾问）进行激励的精准化测度是非常有必要的。于是，雅戈尔集团以新的上海公司为试点，通过与 Kindle + 团队的多次讨论与研究，结合公司的实际情况，打造了一套属于他们自己的数字化激励方案。

雅戈尔公司发行一种内部流通 Token，即 YGC，将其作为公司内部流通权益。雅戈尔公司制订了两种方案，用于衡量权益的价值。第一种方案是员工可以直接将持有 YGC 与人民币以 "1 元 = 1 YGC" 的比例向公司主张权益兑换。第二种方案是门店合伙人计划，以单个门店当月销售额的一定比例作为当月发出的 YGC 所对应的可分配利润，个人可分配金额为个人本月新增 YGC 数量/当月门店总发现 YGC 总量 × 当月可分配利润。

举个例子，如果某个门店当月销售额为 200 万元，将 3% 作为本门店当月发出去 YGC 的总价值，即发行了价值 6 万元的 YGC。其中，某员工综合能力突出，当月获得了 3000 个 Token，而门店所有员工总共获得 15000 个 YGC，则某员工 YGC 价值为 3000/15000 × 6 = 1.2 万元。通过这样的方式激励员工努力工作，可使员工获得更加可观的收入。

那么，发行的 YGC 又是如何进行分配的呢？激励方案中包括了对 FA 各个细分行为的奖励规则，经过反复讨论，得出对员工 ROI 测算最合理的结果。比如：单笔售出 1~3 件不同的系数及奖励、点对点老员工带新员工等颗粒度细的行为设定。

同样地，为了提高公司或门店的运作效率，雅戈尔选择使用自动和手动两种奖励方式。

自动奖励即通过小程序直接向 FA 发放一定数额的 YGC。其分为两种，一种是按销售比例自动发放业绩提成；一种是登录、分享商品信息和阅读推文即获得奖励。这样的方式简单直观、操作便捷、时效性高，能够提升员工的获得感、满足感。手动奖励即员工需要通过"申请奖励"，根据一定审核规则完成奖励行为。雅戈尔按照申请奖励的额度，对不同申请行为的审批规则进行了区分，有以下三种情况：

1）YGC 奖励数量较低的行为，FA 如需就某个行为申请奖励，可以在小程序中点击"申请奖励"，无须经过领班或店长人员审核，相应奖励即会发送到申请人账户。

2）YGC 奖励数量中等的行为，FA 点击"申请奖励"后，其他员工在小程序"待见证奖励申请"列表可以查看到待见证的申请，如班组内比例在 ×% 以上的员工点击"我已见证"，相应奖励即发送到申请人账户中。

比如，在非工作时间主动分享工作经验、雅戈尔穿衣搭配经验的视频等行为，员工可以申请奖励，并让团队其他成员共同见证。与此同时，为了鼓励大家参与见证奖励申请，公司可以对前 × 名记账的人随机进行小额 YGC 奖励。这种奖励申请机制的优势在于，员工彼此间公开透明、互相见证、互相监督，同时也利于鼓舞士气，激发员工的竞争意识。

3）YGC奖励数量较高的行为，可以设定为需要主管人员（班长或店长）来审核。FA"申请奖励"后，班长或店长等主管人员如果在小程序中点击"同意申请"，那么相应奖励即发送到申请人账户中。此外，主管人员在完成审核后有"额外打赏"选项，可随机奖励YGC给申请人，相应奖励即发送到申请人账户中。这种在审核处理中嵌入的打赏机制，可以促进主管人员和FA间的良好关系。

将激励制度与员工绩效挂钩，员工也能即时感知每一个激励行为带来的价值。在雅戈尔设定的激励规则中，还有一条人性化的设定，即在法定节假日或店庆等公司活动日，公司或门店会通过小程序向员工发放节日福利——不等数额的YGC。此外，雅戈尔还设置了YGC积分商城，为员工提供YGC可兑换的实物奖品、带薪假期或培训机会等。

至此，YGC在企业与员工之间通过数字化激励，在实现了权益全流通的同时，也帮助团队协作建设，激励员工提升销售业绩，为企业系统、全方面地提效。

案例2　法律行业

除了品牌服装行业，Kindle＋团队在法律行业也进行了突破性尝试：用去中心化的激励方式打造一款集工具和社区于一体的法律科技产品KindleLaw。

KindleLaw的运营发起方是上海法和信息科技有限公司，2013年创立的法和科技以改变和优化法律行业为使命，利用科技手段提升法律服务行业效率，为用户提供优质的法律服务。

KindleLaw是一套专为法律行业打造的，集管理、工具、权益、协作于一体的数字化法律服务系统，其系统底层采用了大数据、人工智能等当代新型技术作为驱动力，包含了8000万+的法律案例等大数据检索、12000+的海量合同库等律师必需功能，能够有效提高律师的工作效率、满足用户的法律服务需求。同时，KindleLaw开创性地在平台中引入了区块链Token的玩法。

为了鼓励用户积极做出有贡献的行为，KindleLaw在社区中引用了社区权益——KLC。KindleLaw发布的《KindleLaw数字化法律服务系统白皮书》中提到，无论是邀请新用户使用KindleLaw、在社区内共享个人合同范本、项目模板，甚至向产品的运营方吐槽并提出一个产品的优化建议、提交在使用产品中遇到的漏洞，或是在线下参加一次产品的推广活动，都可以获得KindleLaw的社区权益KLC。KLC不仅能够在KindleLaw生态中作为通用权益来进行使用，同时也能共享价值增值。

用户生成内容（User Generated Content）也是社区的一个主要属性：用户在社区中扮演着内容创作者或消费者的角

色，通过贡献内容或创作心得经验获取 KLC，或对优质内容进行点赞和分享来获取 KLC，鼓励这些用户在公平开放的 KindleLaw 社区中进行创作、参与、合作和创新。同时，基于 KindleLaw 所服务行业的特性，后续还会推出有偿法律问题咨询或优秀答案打赏等功能，为 KLC 的流转在用户间提供了更多的实际场景。

KindleLaw 团队同时也在白皮书中提及，未来将构建一个由产品用户与法律行业相关者组成的社区，这种社区与我们熟知的去中心化社区非常相似。在社区中，没有绝对的管理者与被管理者，更多的是以平等的方式交流与沟通，甚至是对产品功能进行自主设计或吐槽；也没有绝对的发起者与参与者，每一位社区用户的权利相等，身份都可以自主切换；在任何角色中，发生贡献激励行为的用户都可以从中直接获益，这样可以继续保持他们的社区活跃度。

这种机制设计可以视为运营方对用户的奖励，也可以理解为用户对社区的投资。当持有收益越来越多时，KLC 的价值以及自身服务体验也获得了提升，用户更愿意像公司员工一样，参与产品的建设。或许，他们的一次次分享与传播，为产品带来的价值比员工还要多得多。用户在获取与消耗 KLC 的过程中，也更好地带动了 KindleLaw 产品的进一步优化与发展。也就是说，用户是 KindleLaw 的使用者与建设者，而持有的 KLC 也更像是一笔对未来的"投资"。这其实就是新型公司与用户"三位一体"关系的实际体现。

同时，所有的 KindleLaw 用户，都可以在 KindleLaw 中一键发行团队或律所内部流通权益。传统律所在管理中会因为律所管理者高度集中，律师过度关注于创收与个人业务，对律所内部的专业提升或协同事件积极性不高，无法很好地鼓励律师及律所内部人员共同参与律所管理。而通过 Kindle+ 提供的权益功能，律所管理者可以对律所进行数字化激励改造。

比如，管理者可以将管理工作进行模块化分解，具体细分到每一个有效行为，并通过 Token 数额进行量化。Token 锚定的价值，可以是律所的年底合伙人分红，也可以是单个的案件或法律服务的项目奖金，而这一切都可以通过系统完成自动运转和奖励兑现，省去烦琐的线下人工对接与操作，优化律所的管理模式，形成律所去中心化管理，让律所借由系统高效运转。

如何确定某个员工或者律师的行为真实有效？解决办法当然是有的。在 KindleLaw 中，每个律所都可以选择设置以下三种审批规则：

① 由律所主管或者特定人的审批方式。

② 不用审批，直接通过奖励申请。

③ 不特定的节点（人员数）审批；如一个律所有 50

人，只需要随机有 5 人见证就可以通过。

这种基于区块链思维的见证规则，极大地提高了激励制度的上行下效，也节省了记账所需的人力成本。审批通过后，系统自动将 Token 划转入申请者的钱包中，一项行为激励就这样完成了。Kindle + 所提供的钱包模块就是权益经转流动的"场所"，用户可以在钱包中查看个人的数字化资产明细记录，并且可以凭个人意愿消费、转账或兑换。

激励的数字化转型，能够给组织带来真正的高效与便利。数字化将是公司制发展的新纪元，将助力传统公司角色从"三边博弈"向"三位一体"的模式渐进式发展。它不局限于任何一个行业，未来定将为各行各业带来焕然一新的样貌。这些改变，正在各行各业发生，不分彼此，不分国界。

Libra 引发全球瞩目

"超主权货币"来了

2009 年，伦敦 G20 峰会前夕，中国人民银行行长周小川在央行网站上发表了题为《关于改革国际货币体系的思考》的署名文章，指出必须创造一种与主权国家脱钩，并能保持币值长期稳定的国际储备货币,以解决金融危机暴露出的现行国际货币体系的一系列问题。

"超主权货币"的概念一时间在全球引起热议,但那时,聚焦点都在中国就美元主导的货币体系改革的态度解读上。未曾想10年之后,有一款"超主权货币"真的要来了。

2019年6月18日,Facebook加密货币"Libra"官方网站正式上线,同步发布项目白皮书,宣布将于2020年上半年推出基于区块链的数字货币Libra。备受期待的Facebook自有区块链代币传闻终于"靴子落地",市场一片叫好。它"既关乎Facebook的未来,又关乎金钱的未来"。

Facebook在白皮书中宣称,Libra的使命是建立一套简单的、无国界的货币和为数十亿人服务的金融基础设施——

"无论用户的居住地、收入、职业状况如何,全球范围内的资金转移都该像发短信、传照片一样轻松、划算,甚至更安全。金融生态系统的产品创新和新参与者都将有助于降低每个人获取资本的难度,同时为更多人提供流畅的支付体验。"

十天之后,扎克伯格亲自评论了Libra:我们只是帮助它成立。他说:"建立一个金融系统不是一家公司靠自己就能做到的,因此我们在其中扮演的是帮助这一系统建立的角色……但是Libra协会是一家独立组织,我们在其中有一票……到这个组织成立的时候,我们希望能有100家联合创始公司。"

Facebook已承诺,随着时间的推移,Libra协会将逐渐减少对自身以及其他创始成员的依赖,Facebook将保有领导角色至2019年结束,但项目真正的管理者是Libra Association——一家总部位于瑞士日内瓦的非营利组织。该组织旨在协调和提供网络与资产储备的管理框架,并牵头进行能够产生社会影响力的资助,为普惠金融提供支持。协会拥有最终决策权,成员系统则由运行Libra区块链的验证者节点网络构成。

按照白皮书所述,Libra协会成员对Libra代币的投资额不得低于1000万美元,并拥有10亿美元市值或至少2000万名客户。作为回报,协会将为成员提供塑造协会治理机制的机会(该协会目前尚未确定最终章程)和各种激励措施,以帮助其吸引消费者和商家(采用Libra)。首批参与Libra协会章程拟定的企业均被称作"创始人",有27家公司已经签约确认成为创始节点,梳理如下表所示。

支付服务商	技术和交易平台	电信业	区块链	风险投资	非营利组织、多边组织和学术机构
Mastercard, PayPal, PayU, Stripe, Visa	Booking Holdings, eBay, Facebook/Calibra, Farfetch, Lyft, MercadoPago, SpotifyAB, Uber Technologies, Inc.	Iliad, Vodafone Group	Anchorage, Bison Trails, Coinbase, Inc., Xapo Holdings Limited	Andreessen Horowitz, Breakthrough Initiatives, Ribbit Capital, Thrive Capital, Union Square Ventures	Creative Destruction Lab, Kiva, Mercy Corps, Women's World Banking

当下,互联网和移动宽带的诞生令全球数十亿人得以获得世界各地的知识与信息、享受高保真通信,以及各种各样成本更低、更便捷的服务。如今,只需使用一部价值40美元的智能手机,即可在世界的每一个角落使用这些服务。这种互联便利性让更多人得以进入金融生态系统,从而推动了经济赋权。通过共同努力,科技公司和金融机构还开发出了帮助增强全球经济赋权的解决方案。尽管取得了这些进展,但世界上仍有很多人游离在外。全球仍有17亿成年人未接触到金融系统,无法享受传统银行提供的金融服务,而在这之中,有10亿人拥有手机,近5亿人可以上网。

对于很多人而言,金融系统的某些方面与互联网诞生前的电信网络颇为相似。2000 年左右,在欧洲发送一条短信的平均价格是 0.16 欧元。而现在,只需要一部购买了基本流量套餐的智能手机,任何人都可以在全球范围内免费通信。早年间的通信服务很贵,但价格是统一的;而如今由于受到成本、可靠性和汇款流畅性方面的影响,迫切需要金融服务的人往往获得的金融服务方面存在不足或受限。

纵观全球,穷人为金融服务支付的费用更多。他们辛辛苦苦赚来的收入被用于支付各种繁杂的费用,例如汇款手续费、电汇手续费、透支手续费和 ATM 手续费等。发薪日贷款的年利率可能达到 400% 甚至更高,仅借贷 100 美元的金融服务收费便可高达 30 美元。当被问及为什么仍然徘徊在现有金融体系的边缘时,那些仍"未开立银行账户"的人往往指出:没有足够的资金,各种不菲且难以预测的费用,银行距离太远,以及缺乏必要的手续材料。

区块链和加密货币具有许多独特的属性,因而具备解决金融服务可用性和信誉问题的潜力。这些属性包括:分布式管理,确保网络不受单一实体控制;开放访问,允许任何能连接互联网的人参与其中;安全加密技术,保护资金安全无虞。

扎克伯格的 18 个月

Facebook 是如何确定进军加密货币领域?它又如何在短短

一年间成功组建团队，说服 VISA、PayPal、Uber 等 27 家大公司加入？《金融时报》在其报道中揭秘了 Facebook 筹划和推出 Libra 的全过程。

简单说来，早在 2018 年 1 月，扎克伯格便在其新年总结中透露了打算进军加密货币市场的计划。但由于毫无经验可循，Facebook 团队在筹划加密货币项目的过程中屡屡碰壁。有的员工为了解决问题，甚至在长达一年多的时间里每天工作 20 个小时。

2018 年上半年，Facebook 曾试图收购 Algorand、Basis、Keybase 等区块链项目来加快研发进程。但它再次碰壁，收购宣告失败；到 2019 年年初，Facebook 加密货币团队的士气已大不如之前，成员一度怀疑项目能否实现。关键时刻，还是扎克伯格现身稳住军心。他提议，项目要关注隐私保护，同时提出将 Instagram、Facebook Messenger、WhatsApp 三大 App 整合到加密系统中的重大建议，团队这才重拾信心。

当回过头看，很多人忽略了 Facebook 创始人马克·扎克伯格在 2018 年年初的暗示——Facebook 正为其多年来的大胆赌注做准备。2018 年 1 月 4 日，扎克伯格在新年总结的倒数第二段中表示,他打算"深入研究"加密技术以及加密数字货币。

他写道:"随着少数大型科技公司的崛起,以及政府利用科技监视公民,许多人开始认为,科技只会让权力更集中,而不是更分散。"

"与此相反的是,还有一些重要的趋势,比如加密技术和加密货币,从中心化的系统中夺取权力,并将其重新交到人们手中。但它们也面临着更难控制的风险。我有兴趣深入探究这些技术的积极面和消极面,以及如何在我们的服务中更好地使用它们。"

2018年年初,积极求变的扎克伯格在Facebook内部开始悄悄组建团队,试图探索一种新型的全球货币。

现在回看,尽管Facebook的危机在当时因剑桥Analytica丑闻而越演越烈,但这并未影响该公司试图进军加密领域的决心。内部人士透露,Facebook采取了快速而低调的方式组建团队,悄悄聘请外部的区块链资深人士来助其完成自己的计划。这些资深人士来自美国加密资产托管平台Anchorage、硅谷风投公司Ribbit Capital等知名公司。

上述最初的 27 家合作公司作为 Libra 协会的"创始合作伙伴"表示，虽然 Facebook 的项目经历了一些迭代，但从一开始，该公司就将开发新型加密货币作为一个明确的目标。

创造一种新的货币谈何容易。Facebook 区块链产品主管凯文·韦尔(Kevin Weil)说，"Libra 和我以前做过的任何项目都不一样……这基本上是一项全新的技术，且正在迅速发展。以前没有人拥有创建全球货币的经验，无论你朝哪个方向看，它都是新的，这很令人兴奋。"

在英语中，Libra 是"黄道第七宫，天秤座"的意思，所以在中文里也被形象地翻译成了"天秤币"。天秤的确是非常形象的称呼，因为 Libra 本质上是一种对标法定货币的稳定币，是用美元和美国的短期债券作为抵押，Facebook 每发行一枚"天秤币"，就需要往自己联盟的银行里存入 1 美元或者等值的其他货币，相当于在区块链世界里打造一个"影子美元"。这意味着，Libra 是有真实资产做后盾的，也就是有一般的等价物价值基础，即货币。

Libra 运用了区块链技术，即保留了加密货币去中心化原则，分布记账让不可更改的交易原则得以成立；Facebook 的用户数在全球有 27 亿，且这个数字还没有包括一些没有完全开放的市场，这让 Libra 一面世就具有广泛的群众基础；100 家联合创业合作伙伴的联盟，包括全球金融业和互联网的巨头，能够形成交易的真实场景；更值得一提的是，Libra 的推出在某种程度上得到了美联储的支持和背书，未来至少在支付和转账方面具备了充当"国际加密货币"的基础。

美联储主席鲍威尔就 Libra 项目发表评论时这样说，该机构已事先与 Facebook 展开讨论，"基本上，我并不太担心美国央行会因数字货币或加密货币而无法再执行货币政策。同时，美联储不会将监管 Facebook 的 Libra 项目纳入议程，因为美联储不具备此类权力"。

科技巨头的加入，各行业投资的热衷，以及监管层的"怀柔"，进一步点燃了市场的热情。虽然并不存在明确的逻辑关系，但此前多次冲击 9 000 美元大关失败的比特币在此时一路高歌，在接下来的数日内连续突破 10 000 美元、11 000 美元和 12 000 美元整数关口，涨幅一度超过 50%。比特币的暴涨也带动了其他数字货币的行情，以太坊等主流数字货币在 2019 年 6 月 18 日后的涨幅也一度达到了 30% 左右。

风高浪急，停在港湾中永远是最安全的选择，但也永远无法知晓对岸的风景。

扎克伯格 2018 年新年总结

每年我都会制定一个挑战，学习一些新的东西。在过去几年，我走遍了美国的每一个州，跑了近 600 公里，为家里搭建了人工智能（系统），读了 25 本书，学会了说普通话。

我从 2009 年开始制定这些挑战，当时是金融危机后的第一年，Facebook 还没有实现盈利。我们公司需要认真考虑如何确保自己有一个可持续的商业模式。这是关键性的一年，以至于我每天都系上领带提醒自己。

我感觉今天和 2009 年的情况很类似：世界上充斥着焦虑和分裂，Facebook 还有很多工作要做。例如，Facebook 是否阻止了选举干扰、阻止了仇恨言论和错误信息的传播、确保人们能够控制自己的信息、确保用户花在 Facebook 上的时间是值得的。

我的 2018 年个人挑战是集中精力解决几个重要问题。虽然我们无法阻止所有的错误或滥用行为，但我们目前在用户条款和防止滥用工具方面犯了太多错误。如果我们今年能解决这些问题，那么我们将能够以更好的方式结束 2018 年。

从表面上看，这似乎不是一个个人挑战，但我认为，通过密切关注这些问题而非做一些完全不相干的事情,我能学到更多。这些问题涉及很多方面,例如,历史、公民、政治哲学、媒体、政府以及技术。我期待召集一群专家一起讨论并帮助我们来解决这些问题。

例如,目前技术领域最有趣的问题之一是中心化与去中心化。我们很多人进入科技领域,因为我们相信科技可以成为一种去中心化的力量,将更多的权力交到多数人手中。(Facebook 使命的前几个词一直是"向人们赋权"。)早在 20 世纪 90 年代和 21 世纪初,大多数人就认为技术将成为一种去中心化的力量。

但今天,许多人对这一希望失去了信心。随着少数大型科技公司的崛起,以及政府利用科技监视公民,许多人开始认为,科技只会让权力集中,而不是分散。

然而,现在的一些重要趋势,比如加密技术和加密货币,可以从中心化的系统中夺取权力,并将其重新交到人们手中。但它们也面临着更难控制的风险局面。我有兴趣深入研究这些技术的积极面和消极面,以及如何在我们的服务中更好地使用它们。

今年将是自我完善的一年,我期待从工作中学习,共同解决我们的问题。

Chapter Five

第五章

未来已来

在人类历史上，有很多次，当一些新生事物出现的时候，往往只有很少的人能在当下就看得到其长远的价值和意义，更多的人则会本能地产生怀疑和不信任。梵高的画、巴赫的曲，还有卡夫卡的书，一开始都寂寂无名，甚至被曲解冷落和唾弃，然后随着时间的推移，得到后世恍然大悟般的认可和追捧。

人们总说着乐见创新，可回首人类历史的千百年，每一次创新，每一场变革，都伴随着开放与固执、热情与傲慢、天才与疯子之间的激烈交锋。

好在伟大终究是伟大，终将会被世人认知，它们对人类社会进步的推动作用也会被时间证实。伟大的东西几乎都不需要自证强大，有时它只是需要一点助推器，有时它只是需要一点耐心。有时，甚至什么都不做，保持开放的态度，消弭紧张的恐慌，不过早地对一个新事物形成一个封闭的负面判断，那也很好。

第五章 未来已来

第一节 三个趋势

《列子·说符》有言:"天下理无常是,事无常非。先日所用,今或弃之;今之所弃,后或用之。"可人类在自省的同时,也不可避免有着强大的思维惯性和路径依赖。

创业学有一个理论叫作"认知隧道"。其含义是,人的认知就像一个隧道,每个人都试图构建自己的世界,但在自己的隧道中,你看到的其实只是你想看到的东西。认知隧道有很厚的壁,而且有一个不大的口径,如何把隧道的壁变薄,如何把隧道的口径拓宽?答案是,人必须要做自我管理、自我突破。

全球知名的投资人孙正义说过一段话,他说:"我从来没有发明过任何能够改变世界的东西,如果一定要列举我比普通人突出的优点,那就是我对范式转移的方向性及其时机有着浓厚的兴趣。越是犹豫不决时,越要关注未来!"范式的转移,即在共识基础上抓住大趋势,也同样要求创业者需要对趋势的讯息十分敏感,不仅是为了企业的盈利和生存,还能够推动行业数字化的高速发展。

他还有一句话:"如果有人要问我一家公司未来一年的股价是多少?我看不清,但是我可以告诉你,这家公司十年之后值多少钱,眼前的问题将有可能成为噪声。"

认清趋势如此重要。比如,复式记账遗留给现代公司的诸多困境,需要得到更有效的解决方法,是为趋势。公司与用户的关系,也早已从传统的供给关系转变成了相辅相成的共享利益关系,是为趋势。这个世界的时代动力与技术形态已经发生了根本性的变化,但公司制的组织形态却还没有发生太大的改变。何故?

因为公司制的底层逻辑是复式记账,复式记账从1494年开始出现,至今已经传袭了500多年的时间,哪怕公司制的前提条件已经发生了深刻的变化,它的这一层底层架构却没有随之发生变化。像一截被暂时压抑的弹簧,有些破壳而出的力量正在酝酿,山雨欲来风满楼。

时代动力变了

今天的时代动力到底发生了什么变化?为什么会从账本1.0进阶到账本2.0?我们认为,随着定价权的转移,公司制的

第五章 未来已来

时代动力已经从制造为王，经过渠道为王，进入到了用户为王的阶段。

1. 制造为王

从远古时代起，制造业就是人类最古老的生产活动之一。中国在公元前2000多年便进入了青铜时代，公元前3000年，古埃及人在修建金字塔的过程中，就使用了滚木来搬运巨石。简单机械原理于智慧的人类而言，无师自通。经历了漫长的由人力、畜力、水力驱动的简单机械动力时期之后，全球制造业的历史，开始变身成一部动力进步史。

18世纪中叶，瓦特改良的蒸汽机揭开了第一次工业革命的序幕。蒸汽机给人类带来了强大的动力，各种由蒸汽动力驱动的产业机械如纺织机、车床等，如雨后春笋般出现。到了19世纪，以电动机和内燃机发明为标志的第二次工业革命来了，电力代替了蒸汽。集中驱动被抛弃了，每台机器都安装了独立的电动机，这为汽车、飞机的出现提供了可能性。1886年，卡尔·本茨发明了汽油发动机为动力的三轮车，被授予专利，戴姆勒也在同年发明出了他的第一辆四轮汽车。

在时代的不断变迁和人类文明的发展中，每一次制造技术的突破都为社会创造了巨大的财富与机会。尤其是 20 世纪 50—70 年代间，无论是工业革命还是技术革命，都在推动时代发展中起到了决定性的作用，这让作为主体的制造商备受尊崇。

因为在这个阶段，在这属于厂商的黄金 30 年里，市场基本上处于供不应求状态，而当供不应求时，定价权显然牢牢掌握在制造商，也就是所谓的生产环节手里。当时大的制造商——通用、宝洁，牢牢掌握着话语权，零售商对于毛利率只能被动接受，消费者更是毫无议价空间。

甚至一直到 20 世纪 80 年代，我们仍能看到制造商话语权残留部分。那时到商店买东西，很多商品的小标签上有一行字叫零售指导价。零售指导价是谁定的？制造商，还是渠道商？答案正是前者。强势的制造商不但制定多少钱批发给渠道，而且制定渠道最后加多少钱再给终端用户。

沃尔玛早期就受到过惩罚，因为他们的品牌口号就是"天天低价"，从一开始就走薄利多销之路，这触动了整个商业链条的利益，大的制造商对其实行了断货惩罚。沃尔玛后来被迫做出了回应——进行全球供应链整合。

沃尔玛创始人沃尔顿曾这样回顾："有时候，我们很难得到那些大公司(宝洁、柯达之类)推销员的光顾。而要是他们来了，他们就会对着我们颐指气使，硬性决定以什么价格卖给我们多少货物。不客气地说，在那时候，我们因为许多供货商的傲慢自大受了不少气。他们根本不把我们放在眼里，狂妄行事。"

这在今天看来显然是很难想象的，但是在20世纪50—70年代，这30年的微笑曲线和今天的微笑曲线正好反过来，那是对供应商、生产商最有利的一条曲线。如果用4个字概括那30年，就是——制造为王。

2. 渠道为王

属于制造商的好景不长。20世纪80年代开始，市场话语权开始了第一次根本性的转移，随着以沃尔玛为代表的打折性零售商的崛起，定价权不可逆转地从制造商转移到了渠道商手中。

在商业生态圈里，商品本身首先是核心中的核心。对于拥有自己品牌的企业而言，想要不断发展壮大，成为一个百亿、千亿企业，有两个核心因素，首先是本身能生产非常好的、可以信赖的产品，并将这些产品赋予了自己的品牌内涵。但同样重要的是，还需要有不同的渠道，将商品送到消费者的面前，让消费者源源不断地购买，这个品牌才有源源不断的生命力。

因此对于一个品牌来说,建立完整的销售渠道网络至关重要,这也就是零售圈最常所说的"渠道为王"。

我们来看一组数据,1959—2003年,跨度达44年,横轴是时间,纵轴是一个行业集中度指标,是美国前十大零售商市场份额的总和,如下图所示。

数据来源:中欧国际工商学院

我们可以看到,从1959—1987年这30年间风平浪静。前十大供应商、前十大零售商的市场份额总和加起来在8%~10%间窄幅波动。如果一个行业中十家最大的企业加起来市场份额是8%,这显然就是一个高度分散的行业。

如何定义一个高度集中的行业?前四大公司加起来占70%及以上的市场份额,我们称之为高度集中行业。

在上图中，1987年左右是一个历史性的拐点。在这个拐点之后，2003年美国零售业集中度达到18%，到现在（2019年）远超过30%，而且这个趋势没有任何逆转地"一路向北"，这里发生了什么呢？

大趋势、大原因在于，在全球化的浪潮之下，1987年以沃尔玛为代表的新零售形态开始从边缘走向主流，沃尔玛推出新的零售业态——大卖场，学名是"打折型零售商"。它是薄利多销的开放式，颠覆了百货商店的业态。百货商店顾客不能进去拿货，要站在柜台那儿，货员拿给你看，你看了之后再决定要不要；与之对应的，则是大卖场自助式购物。

就这样，以沃尔玛为代表的新的零售业态市场从农村转移到了城市，从市场边缘逐步走向主流，强势崛起。渠道与终端又进行了一轮革新，过去几年前，无论是新零售的兴起，还是新型的线上与线下结合，渠道都作为产品通路的价值流通载体，助推公司实现利益最大化。这段时期（20世纪八九十年代），我们也可以用四个字概括，就是——渠道为王。

直至今日，渠道为王的力量仍有余威。2019年2月22日，全球食品巨头卡夫亨氏经历了一个黑色星期五，开盘后不久股价暴跌27%以上，刷新纪录低点，市值蒸发逾160

亿美元。损失巨大的不止卡夫亨氏，截至 2018 年年底，持有其 3.25 亿股股票的巴菲特旗下投资公司伯克希尔哈撒韦，也在一天之内损失了 40 多亿美元。

5 月，伯克希尔哈撒韦的年度股东会议上，巴菲特点名批评，称 2015 年花近 50 亿美元持股卡夫"付出的价格过高了"。在接受媒体采访时，巴菲特认为品牌食品商的定价权下滑，同时一个重要的变化是，"渠道零售商的定价权在过去十年变得强大，包括沃尔玛，Costco"。巴菲特举例说，Costco 旗下的私有品牌 Kirkland，其销售金额已经超过了拥有 100 年以上历史、投入大量广告费用的卡夫亨氏。

3. 用户为王

后浪推前浪的力量永无止境。随着互联网技术的普及，渠道的力量又已经不能完全解决公司的问题了。因为互联网加强了公司与用户的紧密联系，在供给关系上，双方能够更直接地进行有效的沟通和交易。史上第一次，卖方和买方间的信息鸿沟得到了最大限度的填平，中国的那句古语"买的没有卖的精"，开始变得不是那么回事了。

如马云所言，在技术变革的大趋势下，以信息技术为主的 IT 时代将被以服务大众，刺激生产力为主的 DT（数据技术）

时代所取代,"IT 时代是以自我为主,而 DT 时代是以利他为主"。作风传统的资源消耗型企业必定越来越难,挑战也会越来越大。不接受新制造的企业,就像盲人开车,你都不知道你的客户是谁,也不知道客户到底需要什么。

自 2000 年之后,定价权发生了第二次重大转移,从渠道转移到了用户手中,首次由卖方转到了买方手里,用户开始实现实时连接。随着互联网的到来,我们进入到了一个"用户为王"的时代。

自此之后,商业逻辑的本质变成了"用户为王、流量为王"。同时,这又带来了新的零售范式转变,从渠道为王的沃尔玛手里,转到了用户为王的亚马逊手里。沃尔玛这只股票的历史高点出现在 2000 年左右,表明敏感的资本市场早就捕捉到了大的趋势。

那些曾经站在舞台中心的企业,从当年以资源加工和再加工为主的实体经济企业换成渠道企业,再换成以用户为中心的互联网企业或者新经济企业,这便是背后的时代动力。被称为"雷布斯"的雷军,其七字诀"专注、极致、口碑、快",这基本提炼于谷歌十大核心价值观里面的三大方面,包括"聚焦用户"。

当然，硬币的另一面是，在这样的势均力敌之下，用户自然渴望越来越多的权益，包括对自己行为产生的回报和个人隐私信息的权利。对于用户而言，一开始的需求可能是几张优惠券，但当他们对权益有了更深层次的认知后，就会要求拿到公司增长的一部分，或者要求数据公开透明化、掌握数据的控制权，而不是将其交由企业。

2018年9月，Facebook隐私泄露事件引爆信任危机，用户越来越重视隐私安全问题，他们认为这是自己拥有的一项绝对权利。于是市场上出现了一批社交软件类企业，其价值主张即用户要真正控制自己的数据，当平台需要调用用户数据时，平台需要付出相应的代价，或者给予用户相应的回报。

这些情况也意味着"用户为王"的时代还在进一步向纵深处演进。如何顺应时代动力进行商业模式的革新，是当代企业需要面对的问题之一。

技术形态变了

从一条埋伏的历史暗线来看，账本1.0的背景深深植根于工业革命并为其服务。与之相匹配的技术代表也是自工业革命发端而来的机械技术、液压技术。但账本2.0的故事是需要全新叙述的，因为它同样也跟技术形态密切相关，只不过，那都是全新的技术代表罢了。

今天最前沿的技术形态，可以用"ABC"三个字母来概括：A——人工智能、B——区块链、C——云。

1. 人工智能

自古以来，人类就一直梦想拥有借助非人力去提高征服自然的能力。在古希腊神话中，锻造之神赫菲斯托斯（Hephaestus）的机械车间就出品了看守王宫的机器狗、供阿波罗使用的机械马、拥有少女外表且会说话的机器人，还有能自行跑去供诸神聚会并能自己回来的带轮子的三角桌。我国《列子.汤问》里也记载着这么一个故事，在公元前900多年西周周穆王统治时期，巧匠偃师就制作了一个"能唱歌、跳舞，像真人一样"的人偶。这说明，无论东西方，古代就已经有了粗浅的人工智能的意识。

1956年夏天，在美国东部的达特茅斯召开了一次具有传奇色彩的学术会议，会上正式出现了"人工智能"这个术语，首次决定把像人类那样思考的机器称为"人工智能"。后来，这被人们看作是人工智能正式诞生的标志。这次会议后不久，麦卡锡与明斯基两人共同创建了世界上第一座人工智能实验室——MIT AI LAB 实验室，开始从学术角度对人工智能展开严肃而精专的研究。

人工智能发展的第一阶段是 20 世纪六七十年代，科学家力图通过计算机实现机器的逻辑推理，但最终未能实现；第二阶段是 20 世纪 70—90 年代，神经网络算法出现，但由于当时缺乏足够的计算力，也缺乏大量的数据调整神经网络，因此基于神经网络算法的研究一直处于低谷；如今到了第三阶段，深度学习的出现及 GPU 的应用使得人工智能行业蓬勃发展，基于深度神经网络技术的发展，带动了整个人工智能产业的革命与复兴。

就这样，经过 60 多年的长足发展，人工智能日趋成熟，已成为一门广泛的交叉学科和前沿科学，也已成为新一轮产业变革的核心驱动力，对世界经济、社会进步和人类生活产生了极其深刻的影响。据前瞻产业研究院发布的数据显示，全球人工智能市场规模在 2015—2025 年将保持平均 50.7% 的复合增速；2025 年时，规模有望达到 369 亿美元。

2. 区块链

什么是区块链？区块链是在缺少可信任的中央节点和通道的情况下，分布在网络中的各个节点的共识机制。

区块链的本质是一种机制，它的理论基础是机制设计理论（Mechanism Design Theory）。机制设计理论诞生于20世纪60年代，主要研究在自由选择、自愿交换、信息不完全及决策分散化的条件下，能否设计出一套机制来达到既定目标。这一理论主要解决以下两大难题：

第一，每个人都不可能充分掌握他人所有的私人信息，即信息不对称。

第二，很多人倾向于通过隐瞒和操纵自己的私人信息来获取个人利益最大化，从而导致激励不相容。

那么，好的机制就要同时满足两个条件：第一，信息有效；第二，激励相容。区块链就是这样一个机制。

如今，区块链技术经过多年发展，比这一概念首次提出时已经有了很大的进步。从技术角度来看，区块链是大规模的去中心化网络，无须依赖信任中心，包括了多种技术的集合；从这项技术背后的意义来看，它实现了互联网从"传递信息"到"传递价值"的进化，并为此提供了新的信任创造机制。

区块链应用领域的企业分为上下游，上游是硬件制造、平台服务(公有链、平台链、Baas等底层系统)、安全服务、数字钱包等，下游是产业技术应用。除此之外，区块链技术还可应用于投融资、媒体、人才服务(教育培训)等领域，为各项产业发展提供服务。

云

云技术是指在广域网或局域网内将硬件、软件、网络等一系列资源统一起来，用以实现数据的计算、储存、处理和共享的一种托管技术。

现如今的技术网络系统的后台服务需要大量的计算和存储资源，如视频网站、图片类网站和更多的门户网站。伴随着互联网行业的高度发展和应用，将来每个物品都有可能存在自己的识别标志，都需要传输到后台系统进行逻辑处理，不同级别的数据将会分开处理，各类行业数据皆需要强大的系统后盾支撑，这些只能通过云计算来实现。

云计算有一个关键特征，这个关键特征有多种说法，可以叫弹性计算，也可以叫"无限伸缩扩展"或者"动态资源调度"等，都是一个意思，核心要义就是能够灵活地按需进行资源的调度和分配，能力本身可以灵活进行伸缩扩展。

目前有庞杂的各类厂商在开发不同的云计算服务，其表现形式可谓多种多样。简单的云计算在人们日常网络应用中随处可见，比如腾讯 QQ 空间提供的在线 Flash 制作，Google 的搜索服务，GoogleDoc，GoogleApps 等。目前，云计算的主要服务形式有：SaaS（Software as a Service），PaaS（Platform as a Service），IaaS（Infrastructure as a Service）。

组织形态变了

作为组织研究领域的社会学家（Organizational Sociologist），斯坦福大学的理查德·斯科特教授出版和发表了 20 余本专著和 250 多篇期刊论文，其中《正式组织：比较研究的视角》（Formal Organizations: A Comparative Approach）、《制度与组织》（Institutions and Organizations）、《组织：理性、自然与开放系统的视角》（Organizations: Rational, Natural and Open Systems）对于组织管理的研究产生了深远影响。

在《组织理论》一书中，斯科特教授细数了组织演化的路径。组织演进路径的第一阶段是所谓的理性组织，产生于 19 世纪末，与工业时代大规模的生产方式相适应。组织内部从上到下实行垂直式管理，下级只接受一个上级的指令，各级主管负责人对所管理部门的一切问题负责。这种组织结构简单，责任分明，上行下效的命令更为统一。

层级分明的科层制就是极具代表性的形态之一。层级制由德国社会学家马克斯·韦伯提出，即严密的等级制权利矩阵关系。其主要特点就是内部分工、责任归属明确；人人专于其职，职位上下级分等；组织内部有普遍适用的严格规定和工作关系。

与其产生时代的工业主义相结合，层级制把组织内部变成了一架非人格化的庞大机器，所有的行为都是为了保障组织最大限度地获取经济效益。在这样的组织内，每个人都朝着同一个目标努力——公司利润的最大化。

理性组织的第二阶段将会进入到自然性组织中，自然性组织的终极目标和理性组织的完全不一样。理性组织是生存，自然性组织则要进入开放性系统。

《组织理论》这本书出版至今已有 20 多年的时间，基本上整个组织的演进路径跟作者的预测基本保持一致，我们从理性组织，走向自然性组织，最终走到开放性系统。

自 20 世纪末期以来，随着经济全球化的迅速发展，人类开始进入一个以知识的创新、发展和应用为主导的新经济时代，任何一个企业都无法脱离其他企业独自运转。传统的理性组织开始向自然性组织过渡，形成一种开放包容、相互依存、共生共进的组织系统。全球新经济环境要求现代组织需要突破"金字塔"式组织形态的束缚，对企业组织形态进行创新。例如：

扁平化

在传统组织形态中，有效优化企业层级结构的方式就是增加层级，而由于技术限制和集权体制的存在，管理幅度过窄，组织内部闭塞且效率变低。现如今，分权管理成为一种普遍趋势，在组织系统性、科学性的职能分工基础上，增加管理幅度，实现组织形态的扁平化。在信息技术和网络技术的推动下，企业内部不必自上而下层层下达，或是自下而上地逐级汇报，而是可以在同一层次上传递和共享，因此中间层级减少，指挥链变短，组织的信息传达速率和效果都将有所改善。

开放化

同样地，现代社会信息技术及经济的蓬勃发展，为企业实现非核心业务外包提供了良好的条件。企业无须等到具备所有资源和能力才能够进行生产，而是可以借助外包，集中精力于核心业务。这使得组织的内外部边界变得更加模糊，走向了更灵活、更开放的组织形态。

对于组织内部，基于企业网络平台化，分工和协作不断加强，网状的组织关系脱离了直线型的上行下效，逐渐形成了一个相对自主平等、富有创造力的组织关系；对于组织外部，开放性组织易于企业间的资源和信息突破固有边界，实现传递与共享。随着现代科学技术的迅速发展，组织作为一个整体所展现的能量已经远远超过了各个组成部分之和。

组织形态的改变还在继续。财经作家吴晓波说："未来所有的企业都会形成蜂窝式的组织，任何一个小蜂窝的死亡都不意味着死亡，但同时整个组织又在不断地裂变。而在蜂窝的下面会有一个底板，这是公司的价值观、资本和人才，在底板之上，各自为战，失控成长。"

在时代动力和技术形态已然发生剧变，企业所面临的环境日益复杂且不确定性较高的情况下，新型的企业组织形态就会如期而至。矩阵式结构、超事业部制结构、模拟分权结构、多维结构等，也许这些新的组织形态的内核会被诟病仍只是旧架构的变形；也许这些新的组织形态的尝试也会被历史否定或者证明其依然需要修正，但无人能否定的是，变化已然开始了，这是一条不会回头的道路。

第二节 三个推论

基于时代动力的不同、技术形态的变化、组织形态的更迭，今天我们可以看到以下三个很有意思的推论。

第一个推论：从三边博弈到三位一体

正如我们此前在第二章"对博弈的回答"里所提到过的，股东、用户、员工这个经典的三边博弈在原有的公司制架构里是找不到解决方案的。无论怎么安排，最终在公司制的架构里，三边博弈永远存在。而在以区块链为基础的、新的组织形式下，这三边博弈将有可能成为三位一体，一方面他是用户，另一方面他可能成为这个组织里最有能力且不用付钱的员工之一，最终还能分享公司的溢价和红利。

在这里我们直接进行举例。 STORJ.IO 是一家用区块链技术做分布式云存储的公司，起步于 2014 年。

此前，个人用户分布式存储空间和几家主要的云服务平台，包括大众所熟知的 Facebook、谷歌等。尽管谷歌拥有 8000 个 TB 的存储空间，和我们每个人拥有的计算机存储空间相比，个人的存储空间累计起来肯定要远远大于其他任何的中心化的存储空间，基本上是 25 万个 PB 对 8000 个 TB，两者不在一个量级。

顺着这个思路一想，STORJ 公司提出来了一个很有意思的命题：我们能不能把个人用户空余的存储空间都拿出来分享？具体设计是这样的：我把你的存储空间拿出来分享，分享的同时，给你一个对应的激励。也就是说，你个人的存储空间拿出来，同时我把你提供存储空间的每一个行为做精确的定量计算，最后给你对等的补偿。

定价非常简单，包括两个关键指标。如果按这个定价来算的话，它提供的云服务比主流云服务价格要低一个量级，它是怎么做到的？这就涉及怎么样把这千万个个体的存储空间释放出来，最后形成一个分布式的、个人之间的云服务平台。

这个平台构建的本质，就是一端是用户，把存储空间释放出来，给他们对应的数字货币作补偿。个人化的云存储空间底层技术，等于是 P2P 的共享网络叠加区块链技术，同时叠加一套激励机制。而这套激励机制最核心要做到的，就是如何让每一个存储空间贡献出来的人，能够拿到对应的激励。我们可以把这个激励的本质凝结成一句话：你可以把你的存储空间共享出来挣钱。这样便一目了然了。

STORJ 公司发布了 5 亿个加密货币（STORJCOIN X），通过提供云存储空间的行为，最终用户能够不断地获得这 5 亿个加密币里的一部分。

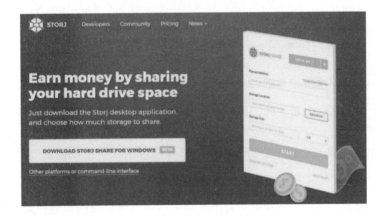

上图是用户端的操作界面，其中包含加密货币支付地址，用户获得的币值，以及个人贡献出来的空间。根据用户在网上行为停留时间的长短，这个系统最终通过算法和激励机制持续给用户账号发放自己发行的加密货币。

上图这个账单是截取系统的一段支付数据,用户贡献存储空间之后,账单上面的第一行是给用户地址发放的加密货币。

STORJ.IO 是云存储行业里最早开始推出这个机制的。 它用一个非常简单的机制,解决了激励相容的问题,听起来简单,但是机制很有效:直接解决了在这个过程中间,用户是否愿意把自己的存储空间拿出来跟别人共享的问题。

到 2017 年,这家公司共有员工 18 名,但是通过机制设计和区块连技术,储存在云空间中的数据已经达到了 13 个 PB。用一个真正的分布式的去中心化方式,18 个人在三年时间内搭建了一个这样的分布式存储空间，让 35 000 名"矿工"贡献出了个人存储空间，这其实是非常吸引人的。

此外，它还建立了一个社群，很多第三方开发人员在这里做第三方的 App 应用，那么社群就从原来单纯的所谓 P2P 的分享平台，变成了真正的分布式的云存储平台，后来又变成了分布式云存储的社区。

在三边博弈到三位一体的过程中，目前社群制的框架也成为一个新物种，它是基于底层博弈关系的改变而对应产生的组织实验。某种意义上来说，它代表了一个新的方向。而从技术角度来说，区块链的底层技术，无论是数据库、智能合约，还是共识机制、加密算法，都给三位一体提供了技术基础。如果没有技术基础，就很难将用户带入激励系统中。

我们看到目前已有不少公司在做尝试，将不同的激励方式，用不同的激励算法去配套用户的不同参与行为。相对地，设计激励机制也会激励员工持续投入。

当然，眼下还存在很多空白点，其中最大的空白点是没能通过机制的设计来更好地促进股东、员工、用户三者之间的"共振"，这也将是下一步须着力突破的地方。

第二个推论：规模效应 vs 网络效应 vs 裂变效应

规模效应

在工业化时代，经济发展的底层逻辑是规模效应（Economies of Scale），指的是在一特定时期内，企业产品绝对量增加时，其单位成本下降，即扩大经营规模可以降低平均成本，从而提高利润水平、扩大规模效应，即成本下降越快，市场占有率越高，这是一个正循环。所以在工业时代，规模效应是整个组织发展的驱动力。

美国第一位诺贝尔经济学奖得主保罗·A. 萨缪尔森在《经济学》一书中指出："生产在企业里进行的原因在于效率通常要求大规模的生产、筹集巨额资金以及对正在进行的活动实行细致的管理与监督。"他认为，"导致在企业里组织生产的最强有力的因素来自于大规模生产的经济性"。

从传统成本理论观点看，随着企业规模的扩大，在大规模经济规律的作用下，企业的生产成本将不断降低，直到实现适度生产规模。早期制造商靠的就是规模效应，即企业越大，单位成本下降就越多。但规模效应是有边界的，当企业规模大到一定程度时，如再继续扩大规模，就会造成沟通成本、管理成本和协调成本的不断增加。并且增加的这部分超过了因规模加大而使成本降低的部分，于是规模的经济性变成了规模的不经济性。

于是，互联网时代需要大量的资金投入，以拥有大量的技术铺垫和创新：网络通信基础设施、计算机技术、人工智能技术等。由于互联网公司几乎都是固定成本，因此其最终目的是实现边际成本为零。于是，企业需要大量的研发投入，以追求更大的规模，迅速增强获客、留存、商业变现的能力。

当然，企业需要将产品做得足够好，随着精准便捷的反馈与改进，才能够形成一定的规模效应，这也需要结合产品正向的反馈与改进，以及以用户为核心的战略主旨，发挥企业的真正价值。

然而，网络效应的出现使得那些跑在前面的企业越来越强大，BAT（百度、阿里巴巴和腾讯）就是典型的代表。网络效应更多的是实现了组织或个人价值的迅速提升，也降低了新型企业的行业门槛。随着用户数量的增加，在正向实现规模效应的同时，所有用户都可能从网络规模的扩大中获得更大的价值。

网络效应

什么是网络效应？网络效应，指一个网络中的每个用户对其他用户都有价值；用户越多，价值倍增；每当一个新用户加入时，原有的第一到第 N 个用户的价值也会相应增加。当网络用户规模达到一个临界点时，就会产生爆发性优势，从而让网络更加稳固。

以色列经济学家奥兹·夏伊最早在《网络产业经济学》中提到网络效应。信息产品存在着互联的内在需要，因为人们生产和使用它们的目的就是更好地收集和交流信息。这种需求的满足程度与网络的规模密切相关。如果网络中只有少数用户，他们不仅要承担高昂的运营成本，而且只能与数量有限的人交流信息和使用经验。随着用户数量的增加，在正向实现规模效应的同时，所有用户都可能从网络规模的扩大中获得了更大的价值。

当网络效应存在时，如果没有人采用网络产品，那么它就没有价值，也就没有人想用它。如果有足够的使用者，那么商品就会有价值，因此就会有更多的使用者，商品也就会更有价值。因此，网络效应引发了正反馈。

网络效应的存在，缩短了几乎所有行业的机会窗口期，加快了行业和企业的正向发展与革新的脚步。在企业的生存环境中，企业成功和衰落的速度都呈直线式的，要么快速登顶，要么悬崖式坠落。

那么当我们进入到互联网时代，在原有的规模效应的基础上，自然而然又增加了第二重效应，就是网络效应。互联网组织不但有规模效应的逻辑，而且有网络效应的逻辑。这是两种完全不同的效应，但是都带来了一个严重的社会化后果：贫富差距扩大。

规模效应加剧了贫富差距，网络效应在规模效应的基础上进一步加剧了贫富差距。因为一个网络效应的世界，有三个特征：网络用户与服务提供者的相互正向促进作用；具有爆发临界点；赢家通吃。

裂变效应

从广义上来理解，裂变效应又叫链式反应、连锁反应，是指事物自动持续下去的反应过程。而放在网络社交领域来讲，常说的就是用户裂变。随着获取流量的成本越来越高，各大企业都在寻找低成本获取流量的方法，其中最有效，也是最热门的方式之一就是裂变。

利用裂变的力量，可快速实现一分二，二分四的传播效果，而且通过裂变产生的新用户，他们的分享欲望是非常强烈的，他们又将成为下一次裂变的种子，从而源源不断地获取新的流量。好的裂变一旦启动，就会有用户源源不断地转发和关注。

2017年，腾讯官方做了一个调查，一名微信用户获取信息的渠道80%来自于朋友分享。怎么做用户运营，怎么样通过用户去裂变出更多的用户，这是新媒体运营和社群运营需要经常思考的问题。当我们研究用户增长的时候，研究的就是怎样通过裂变获取用户，怎样留存用户，怎样与用户成交，怎样再次裂变等。

其实裂变的核心是用户心理驱动机制，因为每个用户都是你的裂变入口，都是你往下进行裂变的发动机，驱动机制有两种：一种叫情感驱动，一种叫利益驱动。

如今，我们正身处一个社交商业时代，流量的分布不再是搜索引擎分发，如今70%的流量都是通过社交分发的，裂变是目前获取社交流量最好的方法。

当裂变效应碰撞到区块链话题，我们自然希望区块链以及区块链所对应的个体用户的裂变效应，能够对冲网络效应；否则，如果最终区块链又演进成为中心化的方式，也成为加剧贫富差距的推手，这将是大家非常不愿意看到的。

因为在新技术推动下，贫富差距已经积累到了一个拐点，这时候，可能出现坍塌，也可能出现所谓的脆断点，这将让全社会的每一位成员付出代价。所以我们希望个体的力量被激发出来，个体力量背后所带来的裂变效应可以对冲中心化的网络效应，能够给全社会带来收益。

第三个推论：解构与重构

解构过去

公司的存在正是为了节约市场交易费用，即用费用较低的企业内交易代替费用较高的市场交易；当市场交易的边际成本等于公司内部的管理协调的边际成本时，就是企业规模扩张的界限。现有组织形态和现有时代动力及技术形态发生错配，必然会出现各行各业在沟通、协调、合作、激励、冲突、联盟和价值网等方面大量的解构与重构。

当下，我们现有公司的整体组织方式，比如沟通方式、协调方式、合作方式、激励方式、解决冲突方式、联盟方式、价值网络方式等，都将面临解构与重构。

2019年5月,特斯拉CEO"钢铁侠"埃隆·马斯克在他的Twitter中提到:"钱,无非就是一系列不同类的数据库,彼此间用安全度不高、高延迟的方式连接起来。"

很多先锋派的解构者,往往也是自觉的重构者。比如,瑞幸咖啡的案例或可代表中国企业3.0版跃变创新的努力尝试。

如果说,中国早期的这一批公司的创新1.0版是移植创新;2.0版是整合创新,把不同行业、不同地区、不同时间段的元素有机整合在一起,最终形成一个全新的创新;那么,3.0版跃变创新就是重新定义边界,重新定义价值网络,重新定义行业游戏规则,背后是基于我们这个时代的动力以及基于明天的思维,站在明天的视角,用以一种高度抽象化的方式来概念化未来,设计一个和以往完全不同的模型,用一种能够可视化的方式,站在未来,看待今天的竞争格局。

咖啡这个弥漫着馥郁芳香的行业,就在这样的视野和思维下,在我国走出了一条完全不一样的道路,这个道路就是以瑞幸咖啡为代表的消费平权的道路。中国消费者的消费升级,具体在咖啡行业体现的是,喝到和星巴克差不多品质的咖啡,但是只要用1/3或者是1/2的价格,这个问题本质上反映的是一个消费平权的概念。

基于对本地市场和用户的深入理解，瑞幸咖啡重新定义了三个维度，即技术的边界、价值网络和游戏规则，在本质上这是新物种的创新，是对旧秩序的解构和新方向的重构。

重构未来

首先是关于边界的重新定义。以行业翘楚星巴克来做对比，虽然星巴克在全球有几万家门店，在中国也已经有几千家门店，但其整体模型都是一个经典的M2C模型。每天稳定卖出的订单背后到底是谁？没有统计。每天进店的人群画像是什么样的，背后有怎样的一个数据，有怎样的一个行为轨迹？没有答案。

瑞幸咖啡和星巴克相比，从某种意义上来说，瑞幸咖啡是一家真正以用户的行为和用户的数据来驱动的公司。人工智能、区块链和云，以及大数据，"ABCD"这些技术都在此有了应用的前提和基础，而这些技术和星巴克模型的结合可能是一个非常艰难的磨合过程。

其次，关于价值网络的重新定义。在星巴克的网络里面有一个成型的价值网络，但它是在一个封闭的盒子里。瑞幸咖啡却把这个盒子打开了，包括数十个SKU的合作伙伴，大大方方让人可以看到丰富、立体、多元的价值网络，突破原有的边界，让自身的价值网得到极大地拓展与开发。

再次，关于游戏规则的重新定义。我们都知道，对一个行业最本质的颠覆和最本质的挑战是对游戏规则的挑战，而对游戏规则的挑战最终将反映在行业的成本结构上。在美国，星巴克里一杯拿铁的价格为 3.5 美元左右，直接材料成本大概在总成本的 9% 左右，在中国，材料成本差异不会太大，但情况不同的是，中国咖啡零售业的整个成本结构里门店房租占比很重，房租在成本比例中会占到 22%~23%。所以我们看到瑞幸咖啡用完全不同的角度切入的时候，对整个底层的游戏规则进行重构和解构之后，摧毁了原有的成本结构逻辑。

企业和企业家作为个体之所以会做出这样的创新选择，既是个人天赋和敏锐观察力的体现，也是时代动力作为外部推手的助力。让我们来对比 1996 年的一组数据，这组数据是当时中国所有的饮料品类和欧美发达国家饮料品类的年均个人消费量的对比，会让人生出无限感慨。

二十多年前，中国消费饮品的每一个品类，包括果汁、牛奶、咖啡等，其单位年均消耗量都是在个位数，牛奶一两升，果汁一两升，咖啡一升，而在美国则是数百升：1996 年，美国人均饮料总消耗量一共是 543 升，其中牛奶是 75

升，咖啡大约是 100 升。

但是到了 2018 年，我国消费饮品领域早已彻底旧貌换新颜。在 2018 年全国居民人均消费支出的构成中，食品饮料的平均支出为 5631 元/人，占比 28.4%，其在各项支出中位居第一，甚至超过了人均居住支出。

咖啡有很强的功能属性，但从社会学的角度来说，任何饮料品类除了功能属性之外，还有很强的社会属性，它们也是人类想象力和人类共识的结晶。而这种共识往往会从高势能地区逐步渗透到低势能地区。社会学中的一个永恒话题就是新的创新、新的消费品类是如何从一个高势能地区逐渐向低势能地区扩散的？在过去二十多年中，我们看到的就是这样一个波澜壮阔的过程，不只是咖啡，果汁和牛奶也呈现出同样的一个扩散路径。我们不得不承认，这就是时代动力的助推。

咖啡行业已经走过了三波浪潮，现在瑞幸咖啡有可能成为第四波浪潮的代表，也就是今天所谓的互联网咖啡的代表。

做出这种选择也意味着，面对的唱衰会和赢得的支持一样多，新事物在带来冲击力的同时，也一定会被讨论、被解读、被质疑。但岁岁年年，总会有新的力量，充满锐气地去解构过去、重构未来。

第三节 公司制的黄昏

250年前,当那家600人规模的水利纺织公司在英国问世时,不仅设立了董事会,还在公司内部设置了低、中、高各层级职业经理人,建立起了完备的企业规章制度,雇员各司其职,颇具今日公司制的形态。

任何的世界第一都是不会被遗忘的,如果"公司制"也有自己的世界史,这第一家真正现代意义上的公司,第一个现代公司制的架构,足以在历史中熠熠生辉、光芒万丈。

250年的光阴可以发生哪些变化?可以允许太多故事发生了。它让印度一个名为"Acharya Jagadish Chandra Bose"植物园里的一棵普通榕树慢慢长大,长到树干直径400多米,拥有3600个气根,250年间从单株长成了一片森林,占地上万平方米;它也让地球上有近600种植物物种在250年内灭绝,是鸟类、哺乳动物和两栖动物物种灭绝数量的两倍多。

250 年前,清朝时期的中国还是东亚的绝对中心;250 年后,走向多极化发展中的世界有着心照不宣的竞合,也在发生着意料之外的冲突。

在 1769 年公司制诞生的时代背景里,有两个关键词不容忽视。第一个关键词是工业组织,那是大规模工业化时代的滔滔浪潮所铸就的。第二个关键词是封闭性,无论是内部的董事会和高管之间的契约,员工和管理层之间的契约,还是和外部各类社会组织与群体之间的关系,公司从诞生之初就有着非常清晰而完备的边界。

但在 2019 年,坚持了 250 年岿然不动的公司制,在新的水流不断冲刷之下,所立的根基已经发生了根本性变化,所处的环境已经发生了剧烈的转换,内生的革命诉求也已经呼之欲出。面对以摧枯拉朽之势扑面而来的时代动力,面对公司制即将面对的崭新未来,我们最需要拥有的是明日思维。

在不确定的未来,创业者需要具备未来视角,要有从未来往回投射对现在的竞争格局抽象化和概念化的能力。我们需要对这个时代有深刻的理解与思考,要了解每一个时代背后的根本性推动力。

我们要承认，时代进入了"用户为王"的新阶段，用户作为对企业销售行为的买单者，要求拥有更多的权益，无论是行为的价值回报还是合理的股权分配，甚至要求对自己的隐私与信息的支配权与管理权；Facebook 在 2018 年的舆论压力也正是其 Libra 计划的启动契机，传统的使用用户数据来作为商业变现的模式在未来将不复存在。

我们要承认，当今涌现的人工智能、区块链和云技术，就是这个时代核心的技术形态，它们让信息实现了数字化，SaaS 在中国的兴起将推动业务的数字化，我们有理由相信，未来组织，尤其是商业公司的权益也将数字化，而区块链的出现让这一曾经无法实现的构思与设想变为了可能。

我们要承认，组织形态正在从封闭化、机械化、层级化十分严重的理性组织，走到管理扁平化、权力均匀分散至各个核心层级的自然性组织，再到现如今越来越开放地让组织自主有效地运作，内外边界变得模糊，信息的传递流通变得高效，组织将转变为"1+1＞2"的开放性系统。

我们已经看到，经典的三边博弈在原有的公司制架构里是找不到解决方案的，传统的三边关系也常常无法得到很好的解决，阻碍公司的发展进程，并且无论怎么安排，最终在公司制的架构里,三边博弈永远存在。

但是现如今,在区块链为基础的新型组织形式下,股东、员工、用户三边的界限逐渐变得模糊,股东可以与优秀员工分享股权,员工可以通过销售获得不错的提成;股东对用户的激励回报有着独特的回馈方式,这些既拉近了使用间的交互关系,又减少了不必要的成本。"三位一体",就是未来在记账 2.0 时代即将出现的组织形式。

我们已经看到,网络效应依然在规模效应的基础上将进一步加大"贫富差距"——今天每个创业者都可能面临同一个命题:"如何破 BAT 这个局"。它们的网络效益是如此之大,以至于作为一个初创公司看起来基本上是没有机会的。

但在新时代,我们或许会进一步看到新的效应诞生,我们给它取名为"裂变效应"。由于用户不断走向舞台中央,单个用户有可能产生链式反应,通过对用户心理驱动机制的核心掌握,利用裂变的力量快速实现一分为二、二分为四的传播效果,从而获得源源不断的客户留存。这种链式反应或裂变效应最终可能会冲击网络效应,给创业公司带来新的机会。

我们也已经看到,当公司制面临解构与重构,当底层体系与逻辑发生了变化，整个商业模式都需要一次变革。区块链技术将大大扩张公司的边界，清晰的共识机制、激励机制、数学逻辑和程序代码保证了规则的有效运行，解决公司制度下无法克服的信息不对称、激励黑匣子等问题。

未来，传统形式上的公司或将消失，取而代之的是全新的社群机制，其规模将远远大于传统的公司，未来的公司，或者说是社群，将逐步成为新型的 Token 经济体，通过 Token 将各生产要素（货币、人力、资源等）纳入财富记账体系中，继而在区块链网络中对资产进行确权、流转和权益的保护（智能合约），而激励规则的设计将实现对企业家、员工、资本等多要素的配置，连通货币资本、人力资本、创业者精神，可实现新的经济均衡。

我们还可以看到，Token 化后的公司作为一个法人可能依然存在，但其主要功能是应对现实世界的工商管理、税务等，但其整个公司所有权形态、管理模式，以及各方之间的关系，都将会被重塑，以网络社群的方式存在并运转，这将是一种以区块链技术为支撑的、信息对称的、以 Token 为媒介的、交易成本极低的、基于自由人大规模协作的先进生产关系。

历史性的颠覆即将到来,美剧《权力的游戏》里有这样一句话:"所有站在舞台中心的人都将退出舞台,那些站在边缘的人最终都有机会进入到舞台的中心。这些站在舞台中心的曾经的王者有可能主动退出,也有可能被动退出。"

赫拉克利特曾说,你不能两次踏进同一条河流,因为水是流动的,它将不断流过你的身旁。每个时代都有每个时代的机遇,大航海时代的葡萄牙船长,眺望自由女神的世界青年,窝在车库里的硅谷青年,辞职下海的草根企业家,20世纪末不知名的网站站长,时代的浪潮将裹挟一代代的勇敢者前行。

夕阳无限好,只是近黄昏。昨日黄昏与他日黎明,只是一夜之隔。在这迷离夜色中,无人可以独善其身,对创业公司和传统公司来说,每天都处于生死存亡之中。如果黎明到来时,一场流动的盛宴已在眼前,举杯欢庆的必是那些具有明日思维的人。

三边博弈变身三位一体,网络效应走向裂变效应,公司制迎来解构与重构,一切都将澎湃而来。山不会倒立,水不会倒流,大雨总会有停歇的时候,阳光永远会撒播温暖。没有什么能打动跋涉者的心,除了拥抱变化,除了相信未来。

诗人食指曾如此动情地说:"我要用手指那涌向天边的排浪,我要用手撑那托住太阳的大海,我摇曳着曙光那枝温暖漂亮的笔杆,用孩子的笔体写下:相信未来。"那么,就让我们在黄昏期待明天,在暗夜穿越风暴,在明日迎接未来。

附　录
Facebook 加密货币项目 Libra 白皮书

第一部分　简介

Libra 的使命是建立一套简单的、无国界的货币和为数十亿人服务的金融基础设施。

本白皮书概述了我们努力打造一个新的去中心化的区块链、一种低波动性加密货币和一个智能合约平台的计划，以期为负责任的金融服务创新开创新的机遇。

问题陈述

互联网和移动宽带的诞生令全球数十亿人得以获得世界各地的知识与信息、享受高保真通信，以及各种各样成本更低、更便捷的服务。如今，只需使用一部 40 美元的智能手机，即可在世界的任何一个角落使用这些服务。这种互联便利性让更多人得以进入金融生态系统，从而推动经济赋权。通过共同努力，科技公司和金融机构还开发出了帮助增强全球经济赋权的解决方案。尽管取得了一些进展，但世界上仍有很多人游离在外。全球仍有 17 亿成年人未接触到金融系统，无法享受传统银行提供的金融服务，而在这之中，有 10 亿人拥有手机，近 5 亿人可以上网。

对于很多人而言，金融系统的某些方面与互联网诞生前的电信网络颇为相似。2000 年左右，在欧洲发送一条短信的平均价格是 0.16 欧元。而现在，只需要一部购买了基本流量套餐的智能手机，任何人都可以在全球范围内免费通信。早年间的通信服务很贵，但价格是统一的；而如今由于受到成本、可靠性和汇款流畅性方面的影响，迫切需要金融服务的人往往获得的金融服务方面存在不足或受限。

纵观全球，穷人为金融服务支付的费用更多。他们辛辛苦苦赚来的收入被用于支付各种繁杂的费用，例如汇款手续费、电汇手续费、透支手续费和 ATM 手续费等。发薪日贷款的年利率可能达到 400% 甚至更高，仅借贷 100 美元的金融服务收费便可高达 30 美元。当被问及为什么仍然徘徊在现行金融体系的边缘时，那些仍"未开立银行账户"的人往往指出：没有足够的资金，各种不菲且难以预测的费用，银行距离太远，以及缺乏必要的手续材料。

区块链和加密货币具有许多独特的属性，因而具备解决金融服务可用性和信誉问题的潜力。这些属性包括：分布式管理，确保网络不受单一实体控制；开放访问，允许任何能连接互联网的人参与其中；安全加密技术，保护资金安全无虞。

但是，现有的区块链系统尚未获得广泛采用。现有区块链缺乏可扩展性，加密货币具有波动性。到目前为止，这些因素将导致现有的加密货币在保值和交换媒介方面均表现欠佳，因而阻碍了它们在市场上的广泛使用。另外，一些项目还试图破坏现有体系并绕过监管，而不是在合规和监管方面进行创新，以提高反洗钱举措的效力。我们相信，携手金融部门（包括各个行业的监管机构和专家）进行合作和创新，是确保为这一新体系建立可持续、安全和可信的支撑框架的唯一途径。这种方法能够实现巨大的飞跃，让我们朝着更低成本、更易进入、联系更紧密的全球金融系统迈进。

机遇

在我们携手踏上这段征程之际，我们认为有必要向社群分享我们的信念，以便于了解我们计划围绕这一倡议建立的生态系统：

我们认为，应该让更多人享有获得金融服务和廉价资本的权利。

我们认为，每个人都享有控制自己合法劳动成果的固有权利。

我们相信，开放、即时和低成本的全球性货币流动将为世界创造巨大的经济机遇和商业价值。

我们坚信，人们将会越来越信任分散化的管理形式。

我们认为，全球货币和金融基础设施应该作为一种公共产品来设计和管理。

我们认为，所有人都有责任帮助推进金融普惠，支持遵守网络道德规范的用户，并持续维护这个生态系统的完整性。

第二部分　Libra 简介

我们的世界真正需要一套可靠的数字货币和金融基础设施，两者结合起来必须能兑现"货币互联网"的承诺。

在移动设备上保护金融资产应该既简单又直观。无论您居住在哪里，从事什么工作或收入怎样，在全球范围内转移资金都应该像发送短信或分享照片一样轻松、划算，甚至更安全。金融生态系统的新产品创新和新参与者将有助于降低每个人获取资本的难度，同时为更多人提供顺畅无缝的支付体验。

现在正是在区块链技术的基础上创造一种新型数字货币的最佳时机。Libra 的使命是建立一套简单的、无国界的货币和为数十亿人服务的金融基础设施。Libra 由以下三个部分组成，它们将共同作用，创造一个更加普惠的金融体系：

1. 它建立在安全、可扩展和可靠的区块链基础上。

2. 它以赋予其内在价值的资产储备为后盾。

3. 它由独立的 Libra 协会治理，该协会的任务是促进此金融生态系统的发展。

Libra 货币建立在"Libra 区块链"的基础上。因为它旨在面向全球人民提供服务，所以实现 Libra 区块链的软件是开源的，以便所有人都可以在此基础上进行开发，且数十亿人都可以依靠它来满足自己的金融需求。设想一下，开发者和组织机构将构建一个开放的、可彼此协作的金融服务生态系统，帮助人们和公司持有和转移 Libra 以供日常使用。随着智能手机和无线数据的激增，越来越多的人将通过这些新服务上网和使用 Libra。为了使 Libra 生态系统能够在一段时间内实现这一愿景，我们从零开始构建了其所需的区块链，同时优先考虑了可扩展性、安全性、存储效率和处理量，以及对未来的适应性。请继续阅读有关 Libra 区块链的概述，或阅读技术论文。

这种货币单位被称为"Libra"。Libra 需要被很多地方接受，且对于那些想要使用它的人而言应该易于获得。换言之，人们需要相信自己可以使用 Libra，并且相信其价值将随着时间的推移保持相对稳定。与大多数加密货币不同，Libra 完全由真实的资产储备提供支持。对于每个新创建的 Libra 加密货币，在 Libra 储备中都有相对应价值的一篮子银行存款和短期政府债券，以此建立人们对其内在价值的信任。Libra 储备的目的是维持 Libra 加密货币的价值稳定，确保其不会随着时间剧烈波动。

Libra 协会是一个独立的非营利性成员制组织，总部设在瑞士日内瓦。协会旨在协调和提供网络与资产储备的管理框架，并牵头进行能够产生社会影响力的资助，为普惠金融提供支持。本白皮书说明了其使命、愿景和权限范围。协会的成员系统由运作 Libra 区块链的验证者节点网络构成。

Libra 协会的成员将包括分布在不同地理区域的各种企业、非营利组织、多边组织和学术机构。共同负责协会章程定稿，并在完成后成为协会"创始人"的首批组织包括（按行业）：

支付业：

Mastercard，PayPal，PayU（Naspers' fintech arm），Stripe，Visa

技术和交易平台：

Booking Holdings，eBay，Facebook/Calibra，Farfetch，Lyft，Mercado Pago，Spotify AB，Uber Technologies，Inc.

Iliad，Vodafone Group

区块链行业：

Anchorage，Bison Trails，Coinbase，Inc.，Xapo Holdings Limited

风险投资业：

Andreessen Horowitz，Breakthrough Initiatives，Ribbit Capital，Thrive Capital，Union Square Ventures

非营利组织、多边组织和学术机构：

Creative Destruction Lab，Kiva，Mercy Corps，Women's World Banking

我们希望到2020年上半年进行有针对性地发布时，Libra协会的创始人数量能够达到100个左右。

Facebook团队与其他创始人合作，在Libra协会和Libra区块链的诞生中扮演了关键角色。Facebook将保有领导角色至2019年结束。当然，在Libra，协会拥有最终决策权。Facebook创立了受监管的子公司Calibra，以确保社交数据与金融数据相互分离，同时代表其在 Libra 网络中构建和运营服务。

一旦 Libra 网络发布，Facebook 及其关联机构将与其他创始人享有相同的权利并承担相同的义务和财务责任。作为众多成员中的一员，Facebook 会在协会管理方面承担与其他成员相同的职责。

区块链分为"许可型区块链"和"非许可型区块链"，这根据实体是否能作为验证者节点接入区块链平台来决定。在"许可型区块链"中，实体通过权限授予方式运行验证者节点。在"非许可型区块链"中，符合技术要求的任何实体都可以运行验证者节点。从这个意义上来说，Libra 将以许可型区块链的形式起步。

为了确保 Libra 真正开放，始终以符合用户最佳利益的方式运作，我们的目标是让 Libra 网络成为非许可型网络。但挑战在于，我们认为目前还没有成熟的解决方案可以通过非许可型网络，提供支持全球数十亿人交易所需的规模、稳定性和安全性。协会的工作之一便是与社群合作，研究和实施从许可型区块链向非许可型区块链的过渡，过渡工作将在 Libra 区块链和生态系统公开发布后五年内开始。

无论是在许可型还是在非许可型状态下，Libra 区块链都将向所有人开放：任何消费者、开发者或公司都可以使用 Libra 网络，在这个网络上构建产品，并通过它们的服务实现增值。这种开放性是 Libra 精神的本质。开放访问权限能够确保较低的进入和创新门槛，并鼓励有利于消费者的良性竞争。这是实现以下目标的基础：为世界建立更普惠的金融服务。

第三部分　Libra 区块链

Libra 区块链的目标是成为金融服务的坚实基础，包括打造一种新的全球货币，满足数十亿人的日常金融需求。通过对现有方案的评估，我们决定基于下列三项要求来构建一个新的区块链：

能够扩展到数十亿账户，这要求区块链具有极高的交易吞吐量和低延迟等特点，并拥有一个高效且高容量的存储系统。

高度安全可靠，可保障资金和金融数据的安全。

足够灵活，可支持 Libra 生态系统的管理以及未来金融服务领域的创新。

Libra 区块链就是为了全面满足这些要求，在现有项目和研究的基础上，从头开始设计和构建而成的，集合了各种创新方法和已被充分掌握的技术。接下来将重点介绍有关 Libra 区块链的三项决策：

1. 设计和使用 Move 编程语言。
2. 使用拜占庭容错（BFT）共识机制。
3. 采用和迭代改善已广泛采用的区块链数据结构。

"Move"是一种新的编程语言，用于在 Libra 区块链中实现自定义交易逻辑和"智能合约"。由于 Libra 的目标是每天为数十亿人服务，因此，Move 的设计要首先考虑安全性和可靠性。Move 是从迄今为止发生的与智能合约相关的安全事件中吸取经验而创造的一种编程语言，能从本质上更加轻松地编写符合作者意图的代码，从而降低了出现意外漏洞或安全事件的风险。具体而言，Move 从设计上可防止数字资产被复制。它将数字资产限制为与真实资产具有相同属性的"资源类型"成为现实：每个资源只有唯一的所有者，资源只能花费一次，并限制创建新资源。

Move 语言还便于自动验证交易是否满足特定属性。例如，仅更改付款人和收款人账户余额的付款交易。通过优先实现这些特性，Move 可以帮助保持 Libra 区块链的安全性。通过降低关键交易代码的开发难度，Move 可以可靠地执行 Libra 生态系统的管理政策，例如，对 Libra 货币和验证者节点网络的管理。Move 将加快 Libra 区块链协议以及在此基础上构建的任何金融创新的演变。我们预计将在一段时间后向开发者开放创建合约的权限，以支持 Move 的演变和验证。

Libra 区块链采用了基于 Libra BFT 共识协议的 BFT 机制来实现所有验证者节点，就将要执行的交易及其执行顺序达成一致。这种方法可以在网络中建立信任，因为即使某些验证者节点（最多三分之一的网络）被破坏或发生故障，BFT 共识协议的设计也能够确保网络正常运行。与其他一些区块链中使用的"工作量证明"机制相比，这类共识协议还可实现高交易处理量、低延迟和更高能效的共识方法。

为了保障所存储的交易数据的安全，Libra 区块链中的数据受梅克尔树的保护，它是一种已在其他区块链中广泛使用的数据结构，可以侦测到现有数据的任何变化。不同于以往将区块链视为交易区块的集合，Libra 区块链是一种单一的数据结构，可长期记录交易历史和状态。这种实现方式简化了访问区块链应用程序的工作量，允许它们从任何时间点读取任何数据，并使用统一框架验证该数据的完整性。

Libra 区块链遵循匿名原则，允许用户持有一个或多个与他们的真实身份无关的地址。这是许多用户、开发者和监管机构都熟悉的模式。Libra 协会将负责监督 Libra 区块链协议和网络的演变，并将继续评估可增强区块链隐私保护的新技术，同时考虑它们的实用性、可扩展性和监管影响。

如需了解详情，请阅读有关 Libra 区块链的技术论文，也可查阅有关 Move 编程语言和 LibraBFT 共识协议的详细信息。我们已经推出了 Libra 测试网的早期版本，并提供了配套文档。测试网仍处于开发阶段，API 可能会发生变化。我们致力于开诚布公地与社群合作，因此希望您可以阅读相关内容、进行开发和提供反馈。

第四部分　Libra 货币和储备

我们认为，世界需要一种全球性的数字原生货币，它能够集世界上最佳货币的特征于一体：稳定性、低通货膨胀率、全球普遍接受和可互换性。Libra 货币旨在帮助满足这些全球需求，以期扩展金钱对全球民众的影响。

Libra 的目标是成为一种稳定的数字加密货币，将全部使用真实资产储备（称为"Libra 储备"）作为担保，并由买卖 Libra 并存在竞争关系的交易平台网络提供支持。这意味着，任何持有 Libra 的人都可以获得高度保证，他们能够根据汇率将自己持有的这种数字货币兑换为当地货币，就像在旅行时将一种货币兑换成另一种货币一样。这种方法类似于过去引入其他货币的方式：确保这种货币可以用于换取真实资产，比如黄金。这样做的目的是为了培养人们对新货币的信任，并在货币诞生初期实现广泛使用。尽管 Libra 不会使用黄金作为支持，但它将采用一系列低波动性资产（比如，由稳定且信誉良好的中央银行提供的现金和政府债券）进行抵押。

必须要强调的是，这意味着一个 Libra 并不总是能够转换成等额的当地指定货币（即 Libra 并不与单一货币"挂钩"）。相反，随着标的资产的价值波动，以任何当地货币计价的 Libra 价值也可能会随之波动。然而，选择储备资产的目的是最大限度地减少波动性，让 Libra 的持有者信任该货币能够长期保值。Libra 储备中的资产将由分布在全球各地且具有投资级信用评价的托管机构持有，以确保资产的安全性和分散性。

Libra 背后的资产是它与许多现有加密货币之间的主要差异,这些加密货币缺乏内在价值,因此价格会因心理期望而大幅波动。然而,Libra 的确是一种加密货币,因此,它继承了这些新型数字货币的几个引人注目的特性:能够快速转账,通过加密保障安全性,以及轻松自由地跨境转移资金。正如当今世界的人们可以随时随地使用手机向好友发送消息一样,我们同样可以通过 Libra 即时、安全且经济地管理资金。

储备资产的利息将用于支付系统的成本、确保低交易费用、分红给生态系统启动初期的投资者,以及为进一步增长和普及提供支持。储备资产的利息分配将提前设定,并将接受 Libra 协会监督。Libra 用户不会收到来自储备资产的回报。

第五部分　Libra 协会

Libra 的使命是建立一套简单的、无国界的货币和为数十亿人服务的金融基础设施。为了实现这一使命,Libra 区块链和 Libra 储备需要一个由多元化的独立成员构成的监管实体。这个监管实体就是 Libra 协会,一家独立的非营利性会员制组织,总部位于瑞士日内瓦。瑞士一直以来都持全球中立立场,并对区块链技术持开放性态度,而 Libra 协会也力求成为一家中立的国际性机构,因此在瑞士注册是理所当然的选择。Libra 协会旨在促进 Libra 区块链的运营;协调各个利益相关方(网络的验证者节点)在推广、发展和扩张网络的过程中达成一致,以及管理储备资产。

Libra 协会由 Libra 协会理事会管理,理事会由各验证者节点各指派一名代表构成。理事会成员共同对网络和储备的治理制定决策。最初,理事会由身为创始人的全球企业、非营利组织、多边组织和学术机构组成。所有决策都将通过理事会做出,重大政策或技术性决策需要三分之二的成员投票表决同意,即 BFT 共识协议中所要求的绝对多数网络成员。

通过协会,验证者节点得以与网络的技术方案和发展目标保持一致。在这方面,协会类似于其他非营利性实体,通常以基金会的形式出现,管理开源项目。由于 Libra 未来的发展依赖于一个分散的、不断成长的开源贡献者社群,因此协会是一个必要的媒介,就开发和采用什么样的协议或规范给予引导。

Libra 协会还是一个负责管理 Libra 储备的实体,掌控着 Libra 经济的稳定和成长。只有 Libra 协会能够制造(mint)和销毁(burn)Libra。只有当授权经销商投入法定资产从协会买入 Libra 币以完全支持新币时，Libra 币才会被制造。 只有当授权经销商向协会卖出 Libra 币以换取抵押资产时，Libra 币才会被销毁。 由于授权经销商始终能够将 Libra 币以等于篮子价值的价格卖给储备，因此，Libra 储备承担着"最后的买家"的角色。 Libra 协会的这些活动受储备管理政策的监管和约束，该政策只能在绝对多数协会成员同意的情况下进行更改。

在该网络发展的最初几年，需要额外依靠一些角色来替协会完成下列工作：招募担当验证者节点的创始人；为快速启动生态系统而进行筹款；设计和实施激励计划，从而推动 Libra 被广泛采用，包括向创始人发放此类激励奖金，以协会名义建立社会影响力资助计划。

协会的一个额外目标是开发和推广一种开放性的身份标准。我们认为，分散而便携的数字身份是实现金融普惠和竞争的先决条件。

Libra 协会的一个重要目标就是逐步提高分散化的程度。 这种去中心化将有助于降低网络构建和使用的进入门槛，而且从长远来看，它也有助于提高 Libra 生态系统的弹性。 如上文所述，协会将逐步实现 Libra 网络的非许可型管理和共识。协会将力求在五年内启动这一过渡，并以此逐渐减少对创始人的依赖。同样地，作为 Libra 储备的管理者，Libra 协会也会力争最大程度地降低对自身的依赖。

第六部分　Libra 的下一步计划是什么

今天，我们将发布此文档来概述有关 Libra 的目标，并推出 libra.org 作为协会和所有 Libra 事务的信息发布主页。该站点将在未来的几个月内持续发布更新。我们还开放了 Libra 区块链的源代码，并推出了 Libra 的初始测试网，供开发者尝试并在此基础上进行开发。

预定的针对性发布日期为 2020 年上半年，而在此之前，我们还有大量工作要做。

Libra 区块链：

在未来几个月内，协会将收集社群关于 Libra 区块链原型的反馈，然后进入生产就绪阶段。特别要说明的是，这项工作将侧重于确保协议和实现的安全性、性能和可扩展性。Libra 协会将构建有据可查的 API 和库，实现用户与 Libra 区块链之间的互动。Libra 协会将使用开源方法为 Libra 区块链背后的协同技术开发创建框架。我们将建立适当的程序，用于讨论和审核针对区块链底层协议和软件的更改。协会将对区块链执行广泛的测试，从对协议的测试到联合各家实体（如钱包服务和交易平台）对网络进行整体测试，从而确保系统在发布前运转正常。协会将努力促进 Move 语言的发展，并且在 Libra 生态系统发布之后，一旦 Move 语言发展趋于稳定，我们将为第三方创建智能合约确立相应路径。协会将与社群一起，在通往非许可型生态系统的道路上攻克技术难题，力争实现我们在发布后五年内开始过渡的目标。

储备：

协会将为储备设立监管小组，成员由分布在各地且受到监管的全球机构托管人组成。

协会将为储备建立运营程序，以便与授权经销商进行交易，并确保高透明度和可审计性。

协会将制定适当的政策和程序，以规范协会更改储备篮子组成的方式。

Libra 协会：

我们将扩充 Libra 协会理事会，使其包含大约 100 名分布在各地的多元化成员，所有成员均担当 Libra 区块链的初始验证者节点。

我们将在目前提出的治理结构的基础上，为协会制定一份全面的章程和一系列细则并予以采用。我们将为协会招募一名常务董事，并与此人一起继续组建协会的执行团队。

我们将选定与我们肩负共同使命的社会影响力合作伙伴，并与他们合作建立社会影响力咨询委员会和制订社会影响力计划。

第七部分　如何参与

协会希望打造一个充满活力的生态系统，供开发者构建应用和服务，从而鼓励世界各地的人们使用 Libra。协会认为，如果这个系统能让世界上任何个人或公司以公平实惠的方式即时支取自己的资金，它就是成功的。例如，成功将意味着，在国外工作的人可以通过一种方便快捷的方式将钱汇回家，而大学生则可以像买咖啡一样轻松地支付房租。

我们的征途才刚刚开始，需要寻求社群的帮助。如果您相信 Libra 能够为全球数十亿人服务，请分享您的观点并加入我们。为了让金融普惠在世界各地成为现实，您的反馈意见不可或缺。

如果您是一名研究人员或协议开发者,您可以提前预览 Libra 测试网(根据 Apache 2.0 开源许可发布)和配套文档。 这个流程才刚刚启动,测试网还是一个开发中的早期原型,但您可以立即读取相关内容、进行开发和提供反馈。由于目前的重点是保持原型的稳定性,项目进度最初可能会偏慢,以便我们采纳社群的意见。 但是,我们致力于建立一个面向社群的开发流程,并从合并请求开始,尽快向开发者开放此平台。

第八部分 结语

Libra 的目标如下:在安全稳定的开源区块链基础上创建一种稳定的货币,该货币以真实资产储备作为后盾,并由独立协会管理。

我们希望创造更完善、更实惠的开放式金融服务,人们不论身份、不论地域、不论职业、不论贫富,均可享受这种服务。 我们深知,要实现这样的愿景将需要长久的艰辛努力,并且绝非以一己之力便可以完成,这需要大家同心协力、脚踏实地地向前迈进。 希望您能加入我们,协助我们将这一梦想变成现实,造福全球数十亿人。

延伸阅读

《精益创业方法论：新创企业的成长模式》
龚焱　著

这是一套教你"科学创业"的系统方法。

魔力和天才并非成功创业所必需，商业也不能靠运气。精益创业是一种可以学习和复制的科学创业方法，创业者们可以通过"验证性学习"、快速廉价的失败，以最小的成本和有效的方式验证产品是否符合用户需求。

《精益创业方法论：新创企业的成长模式》是一本提供"具体做法"的创业教材。

创业者拥有远大的理想、敢冒风险的勇气，但是如何才能将远景变为现实世界里的突破性成就？如何才能让解决方案与用户痛点高度吻合？

精益创业方法教你为用户做"减法"，将其痛点和产品功能进行排序，通过对比测试、NPS测试等工具对MVP效果进行测度和分析，快速反馈和迭代，缺乏资源和背景的普通人也可以享有天才创业的专利。

《价值革命：重构商业模式的方法论》
龚焱　郝亚洲　著

从国外的乐土（BetterPlace）到国内的e袋洗，深度挖掘互联网企业的商业价值。为什么10亿美元的乐土公司会烟消云散？为什么一个O2O洗衣服务产品能迅速崛起？

价值的转型才是保证企业真正互联网化的关键，没有价值链支撑的商业模式变革，注定缺乏生命力！

本书是每个互联网企业必读的商业教科书。多家互联网公司估值百亿的价值内核全部公开，涵盖大量一手案例。五大成功要素，三种革命路径，完全落地的中国实践，帮助创业者找到真正的商业价值。